Inhalt

Vorwort

Das Wissen um sexuellen Missbrauch durch Professionelle in Schulen und Einrichtungen der Kinder- und Jugendhilfe ist nicht neu, auch wenn die Problematik noch nie so viel öffentliche Aufmerksamkeit bekommen hat wie gerade in den letzten Monaten: durch die Medienberichterstattung über Fälle von sexuellem Missbrauch in Internaten kirchlicher Träger, durch Pfarrer in zahlreichen Gemeinden und in der reformpädagogischen Odenwaldschule. Viele der jetzt aufgedeckten Missbrauchsfälle liegen schon lange zurück. Der Mut der Betroffenen, sich an die Öffentlichkeit zu wenden und dadurch der Problematik endlich die nötige Aufmerksamkeit zu geben, verdient großen Respekt und wirkt bundesweit wie eine Initialzündung. Nun wird vielerorts die Frage aufgegriffen, was Einrichtungen, die dem Wohl und der Förderung von Kindern und Jugendlichen dienen sollen, tun können, um zu verhindern, dass diese durch Mitarbeiterinnen und Mitarbeiter der Einrichtung sexuell missbraucht werden. Denn es ist bekannt, dass sexueller Missbrauch nicht nur ein Problem der Vergangenheit ist, sondern auch heute in Schulen, Jugendverbänden und Einrichtungen der Jugendhilfe stattfindet. In der Politik wird über die Frage nachgedacht, ob die Vergabe öffentlicher Mittel davon abhängig gemacht werden soll, dass Einrichtungen, in denen sich Kinder und Jugendliche aufhalten, ein Konzept zur institutionellen Prävention von sexuellem Missbrauch umsetzen.

Der gute Wille ist also vielerorts vorhanden. Gleichermaßen macht sich jedoch auch Verunsicherung breit, *wie* solche möglichst wirkungsvollen Maßnahmen zur Prävention aussehen können. Und an dieser Stelle setzt die Arbeit von **AMYNA** e. V. im Institut zur Prävention von sexuellem Missbrauch an. Einer unserer Arbeitsschwerpunkte ist es seit Jahren, Verbände sowie Einrichtungen der Jugendarbeit und der Kinder- und Jugendhilfe darin zu begleiten, sich ein passgenaues Konzept zur Prävention von sexuellen Übergriffen durch eigene Mitarbeiter und Mitarbeiterinnen zu erarbeiten. Gemeinsam mit den Einrichtungen werden deren Strukturen dahingehend überprüft, wo diese Gefahr laufen, sexuellen Missbrauch zu erleichtern und wo die Strukturen so gestaltet und verändert werden können, dass sie sexuelle Gewalt erschweren. Es handelt sich um einen aus unserer Sicht sehr wirkungsvollen und nachhaltigen Ansatz der Präventionsarbeit, der – konsequent umgesetzt – den Schutz von Mädchen und Jungen um einen großen Schritt weiterbringen kann.

In diesem Buch beschreiben wir umfassend die Grundlagen dieses Ansatzes. Im Artikel „Prävention geht alle an!" wird zuerst einmal erläutert, warum eine erwachsenenzentrierte Form der Präventionsarbeit, die auch an den Strukturen von Einrichtungen ansetzt, sinnvoll und nötig ist. Im Artikel „Verhaltenskodex & Co" werden die Elemente einrichtungsspezifischer Präventionsarbeit vorgestellt. In den Artikeln „Sexualisierte Gewalt in der Kinder- und Jugendarbeit" und „Interessen vertreten – Verantwortung übernehmen" wird dieser Ansatz für die Jugendarbeit, im Artikel „Verletzliche Patenkinder" für Patenschaftsprojekte konkretisiert.

Sexuelle Gewalt geht jedoch nicht nur von Erwachsenen aus, auch Jugendliche üben sie aus. Der Frage, welche Maßnahmen hier vorbeugend wirken können, geht der Artikel „Eine (hilflose) Jugend zwischen Bushido und Niceguys – Sexuelle Übergriffe unter Jugendlichen" nach.

Und noch einem weiteren Schwerpunkt der Arbeit unseres Instituts ist unser Reader gewidmet: der interkulturellen Präventionsarbeit. Auch in diesem Bereich gibt es vielerorts Unsicherheiten, denen wir mit unserem Reader entgegenwirken möchten. Grundlagen dieser Arbeit werden im Artikel „Zwischen Tabu und Akzeptanz – Besonderheiten der interkulturellen Präventionsarbeit gegen sexuellen Missbrauch und ihre Schwierigkeiten" vorgestellt. Konkretisiert wird der Ansatz am Beispiel der Arbeit mit Eltern mit Migrationshintergrund im Artikel „Geschützter Rahmen, offene Haltung!".

„Prävention geht alle an!" – so der Titel dieses Buches. Wir hoffen, dass wir Ihnen, unseren Leserinnen und Lesern, mit unserem Buch konkrete Anregungen zur Umsetzung präventiver Maßnahmen nahe bringen können, so dass Sie den Schutz von Mädchen und Jungen vor sexueller Gewalt zu Ihrer Sache machen. Wir wünschen Ihnen eine interessante und gewinnbringende Lektüre.

München, im Mai 2010

Adelheid Unterstaller

Christine Rudolf-Jilg

Prävention geht alle an!

Plädoyer für eine erwachsenenzentrierte Präventionsarbeit

Das Wissen über sexuellen Missbrauch wächst[1]. Beispielsweise gibt es zunehmend gesicherte Informationen über die TäterInnen, deren Strategien und Vorgehensweisen, aber auch über besondere Risikofaktoren, die z. B. eine spezifische Gefährdung von bestimmten Kindern, wie beispielsweise Kindern mit Behinderungen, erkennen lassen.[2]

All dieses Wissen muss in der Prävention gezielt zum Schutz von Kindern und Jugendlichen eingesetzt werden. Prävention so umfassend zu konzipieren, dass möglichst alle Informationen in eine Art „Gegenstrategie der Prävention" zielführend integriert werden, ist eine Herausforderung, der sich die Prävention von sexuellem Missbrauch immer wieder neu stellen muss.

Prävention ist daher schon lange nicht mehr **nur** das Empowerment (die Stärkung) von Kindern. So sinnvoll Präventionskonzepte auch sein mögen, die sich direkt an Kinder und Jugendliche wenden, so sinnvoll ist es, sie in ein Gesamtkonzept einzubetten, das Erwachsene befähigt und in ihrer Verantwortung stärkt, die ihnen anvertrauten Kinder und Jugendlichen zu schützen.

Dass sexuelle Übergriffe nicht „aus heiterem Himmel" geschehen, sondern vielmehr wie bei den meisten anderen Straftaten auch, der/die TäterIn sehr genau das Umfeld vor der Ausführung der Tat beobachtet und meist sogar manipuliert um straffrei bleiben zu können, wird durch die Täterforschung der letzten Jahre und Jahrzehnte untermauert, bei der verurteilte Täter die Anbahnung der Tat beschrieben und erläutert haben.[3] Erleichtert wird dieses strategische, planvolle Vorgehen (der Grooming-Prozess)[4] meist dadurch, dass der/die TäterIn sich im Umfeld der Kinder und Jugendlichen aufhält und daher ihnen, aber auch den Sorgeberechtigten i. d. R. bekannt ist, häufig sogar ein persönlicher Bezug vor dem ersten Übergriff besteht. Erst, wenn der/die TäterIn den Eindruck hat, der Übergriff könne gefahrlos für sie/ihn geschehen, d. h. die Gefahr einer (unverzüglichen) Aufdeckung gering ist, wird der jeweils nächste Schritt sexueller Gewalt gegangen.

Mädchen und Jungen werden vom Täter oder der Täterin in die Missbrauchsdynamik verstrickt, der Übergang zu sexualisierten Handlungen ist oft fließend und kann deshalb oft nicht sofort als Grenzverletzung wahrgenommen werden. Zu den

---

[1] „... für den Zeitraum seit 1995 (konnten) doppelt so viele Einzelstudien und Übersichtsstudien zitiert werden wie für den gesamten Zeitraum vor 1995." (Kindler, 2003, S. 31).

[2] Vgl. Kindler, 2003, S. 19 ff.

[3] Vgl. z. B. Bundschuh, 2001.

[4] Dieser Begriff wurde von Ruud Bullens geprägt (Bullens, 1995). Er hat sich mittlerweile als Fachbegriff etabliert.

Strategien der TäterInnen gehört es häufig, Kindern und Jugendlichen etwas für sie tatsächlich Positives zu bieten: Zeit, Aufmerksamkeit, Freundschaft, Geschenke, attraktive Freizeitangebote. Nicht nur für kleine Kinder, auch für Jugendliche ist es meist schwierig wahrzunehmen, wann sich neben dem Schönen die Strukturen der Ausbeutung eingeschlichen haben. Wenn sie es realisieren, fühlen sich viele schon so verstrickt in die Beziehung, dass es für sie schwierig ist, mit jemandem darüber zu sprechen.

Andere Täter und Täterinnen wiederum drohen den Mädchen und Jungen und verhindern so, dass diese sich der Situation entziehen und jemandem anvertrauen können. Dieses Vorgehen von TäterInnen macht deutlich, dass Kinder und Jugendliche alleine überfordert sind, sich vor sexueller Gewalt zu schützen.

Kommen Täter oder Täterin aus der eigenen Familie oder sind für die betroffenen Kinder oder Jugendlichen Autoritätspersonen, wie Lehrkräfte oder HeimleiterInnen, dann kann es für die Mädchen und Jungen schon allein aufgrund dieser Beziehungskonstellationen nahezu unmöglich sein, die Missbrauchssituation ohne Hilfe zu beenden. Das bedeutet in der Konsequenz, dass Erwachsene die Hauptverantwortung für den Schutz von Mädchen und Jungen tragen und sich dafür das entsprechende Wissen und die entsprechenden Kompetenzen aneignen müssen.

Das Wissen um das Bedürfnis der TäterInnen nach Straffreiheit und damit einhergehend das vorsichtige langsame Anbahnen der Übergriffe bieten wiederum der Prävention Ansatzpunkte zum gezielten Handeln. Konzepte, die auf das Umfeld der Kinder und Jugendlichen abzielen und hier die Erwachsenen sensibilisieren und qualifizieren, diese erste Kontaktaufnahme und Anbahnung bereits wahrzunehmen und unverzüglich zu unterbinden, setzen an diesen Erkenntnissen an (Protect-Ansatz).

„Kein Kind kann sich alleine schützen" ist ein Slogan, mit dem seit vielen Jahren immer mehr Präventionseinrichtungen auf die Verantwortung der Erwachsenen hinweisen, Kinder und Jugendliche vor sexueller Gewalt zu bewahren[5]. Das Wissen über die Verbreitung sexueller Gewalt gegen Kinder und Jugendliche legt nahe, die Verantwortung in all jenen Bereichen anzusiedeln, in denen Erwachsene die Erziehungsverantwortung für Kinder und Jugendliche übernehmen, denn überall dort halten sich (rein statistisch betrachtet) auch Betroffene und Täter sowie Täterinnen sexueller Gewalt auf.

Das Augenmerk dabei auf Mädchen und Jungen als potenziell Betroffene sowie auf Männer **und** Frauen, aber auch männliche **und** weibliche Jugendliche als mögliche TäterInnen zu richten, gebietet der aktuelle Forschungsstand, der deutlich aufzeigt, dass sexuelle Gewalt weder an Herkunft, Religion, Alter oder Geschlecht gebunden ist, weder bei Tätern und Täterinnen noch bei Opfern.

---

[5] Zum Beispiel N.I.N.A, http://www.nina-info.de/, ein Projekt des Bundesvereins zur Prävention.

Wo Mädchen und Jungen sind, muss präventiv gearbeitet werden

Der Schutz von Mädchen und Jungen durch die Befähigung der anwesenden bzw. verantwortlichen Erwachsenen, die ihnen anvertrauten Kinder in ihrem Verantwortungsbereich vor sexuellem Missbrauch schützen zu können, muss daher zuallererst an den realen Lebenslagen von Mädchen und Jungen sowie an allen Orten ansetzen, an denen sie sich während ihres Heranwachsens aufhalten.

1. Familie und soziales Umfeld der Kinder
2. institutionelle Betreuung der Mädchen und Jungen
3. betreuter Freizeitbereich, in dem sich Mädchen und Jungen freiwillig aufhalten
4. nicht betreuter Freizeitbereich

Direkt nach der Geburt eines Kindes ist die Gefahr von sexuellen Übergriffen noch auf die unmittelbaren Betreuungspersonen des Kindes beschränkt (Mutter, Vater, Großeltern, Kinderfrau ...). Bereits ab dem Besuch der Krippe und fortführend mit Besuch des Kindergartens, der Schule und eventuell eines Hortes erweitert sich dieser Bereich auf die jeweiligen Räume und Personen. Häufig werden dann auch BabysitterInnen und weitere Betreuungspersonen eingesetzt (Freunde der Eltern, weitere Verwandte, NachbarInnen). Je älter die Mädchen und Jungen werden, desto mehr erweitert sich auch ihr Lebensraum. Meist kommen ab dem Schulalter (manchmal sogar früher) Angebote von Musik- bzw. Tanzunterricht, Nachhilfestunden, aber auch die Angebote der Kinder- und Jugendarbeit mit Gruppenstunden, Ferienfahrten und Wochenendaktionen hinzu. Zu guter Letzt bewegt sich das Mädchen oder der Junge neben Schule bzw. Ausbildungsplatz in der Regel dann in Peergroups bzw. alleine in mehr oder weniger kind- bzw. jugendgerechten Bereichen der Gesellschaft, ohne dass bestimmte Erwachsene beauftragt sind alle Gefährdungen abzuwenden oder sich dafür verantwortlich zu fühlen (Schwimmbad, Volksfeste, Verkehrsmittel, Schulweg, privat organisierte Treffpunkte von Jugendlichen, Kinos und Theater, Kaufhäuser usw.[6]). Es ist wichtig, sich zu vergegenwärtigen, wo sich Kinder und Jugendliche aufhalten, mit wem sie zusammentreffen, um zu ihrem Schutz ein umfangreiches Präventionskonzept zu erarbeiten.

Gute Prävention erkennt die Realität der Möglichkeit von sexueller Gewalt in all diesen Lebensbereichen von Kindern und Jugendlichen an, ohne in Hysterie und Paranoia zu verfallen oder in allen Menschen potenzielle TäterInnen zu sehen. Die wenigsten Menschen missbrauchen Mädchen oder Jungen sexuell und es wäre fatal für das Lebensgefühl der Mädchen und Jungen ein allgemeines Misstrauen zu schüren oder sie in ihrer sich zunehmend entwickelnden Selbständigkeit einzuschränken. Es entspricht jedoch schlicht der Lebensrealität von Kindern und Jugendlichen, dass sie in all diesen Lebensbereichen neben vielen positiven eben auch immer wieder negative Erfahrungen machen müssen.

---

[6] Der Aufgaben- und Verantwortungsbereich des Personals wird hier in der Regel auf die Verhütung von Unfällen bzw. Straftaten wie Diebstahl, Betrug oder Gewaltdelikte reduziert.

Gute Prävention sieht in der Konsequenz all diejenigen Erwachsenen als Bündnis-partnerInnen und damit auch in der Verantwortung, die Kinder zu schützen, die in dem jeweiligen Lebensbereich des Mädchens bzw. Jungen auch sonst verantwort-lich sind. Ziel ist es, sexuellen Missbrauch möglichst zu verhindern, aber nicht dadurch, dass Mädchen und Jungen in ihren Freiräumen eingeschränkt werden, sondern, indem die Handlungsmöglichkeiten der Täter und Täterinnen beschnitten werden. BündnispartnerInnen sind folglich Eltern und alle weiteren Bezugsperso-nen in Familie und sozialem Umfeld der Kinder (Verwandte, Freunde, BabysitterIn-nen, MusiklehrerInnen, PfarrerInnen usw.), pädagogische Fachkräfte in Kinder-krippe, Kindergarten, Schule und Hort, aber auch Ehrenamtliche, die in der Kinder- und Jugendarbeit mit den Mädchen und Jungen arbeiten.

Last but not least sind aus Sicht der Prävention in den nicht betreuten Freizeitbe-reichen diejenigen als PartnerInnen der Prävention zu gewinnen und in die Ver-antwortung zu nehmen, die in diesem Lebensbereich jeweils generell verantwort-lich sind. Dies ist im Schwimmbad das Badepersonal, im Kaufhaus das Verkaufspersonal, auf Volksfesten die Stand- und FahrgeschäftebetreiberInnen bzw. die WirtInnen und Bedienungen, im Kino und Theater die PlatzanweiserInnen usw.

Prävention muss genau passen

Umfassende Prävention beginnt daher damit, all diese Erwachsenen für die Reali-tät, die Mädchen und Jungen erleben, zu sensibilisieren und die Verantwortung für den jeweiligen Bereich, aber auch die Handlungsmöglichkeiten zu verdeutlichen, die mit der Verantwortungsübernahme für diesen Themenbereich verknüpft sind.

Ein passgenaues auf den jeweiligen Bereich zugeschnittenes Präventionskonzept mit vereinbarten Handlungsschritten zum Schutz von Mädchen und Jungen vor sexueller Gewalt entsteht meist durch eine genaue Analyse von bereits bekannten Täterstrategien im jeweiligen Bereich, berücksichtigt spezifische Risikofaktoren und mündet in der Entwicklung passender Gegenstrategien, die in diesem Bereich praktikabel und Erfolg versprechend sind und mit allen Verantwortlichen verein-bart werden. Solch ein umfassendes Präventionskonzept bezieht Prävention im Sinne einer jeweilig dazu passenden und von allen Beteiligten getragenen Erzie-hungshaltung mit allen Konsequenzen für diesen Bereich ein.

Präventionsansätze müssen sich von Bereich zu Bereich, von Einrichtung zu Ein-richtung unterscheiden. Um für den jeweiligen Bereich ein passgenau zugeschnit-tenes Präventionskonzept zu erarbeiten, ist es hilfreich, sich Unterstützung durch Präventionsfachkräfte von außen zu holen[7]. In Elternabenden, Fortbildungen mit Fachkräften oder längerfristigen Beratungsprozessen kann so ein Konzept der „Gegenstrategien", die in diesem Bereich praktikabel und Erfolg versprechend sind, entstehen.

---

[7] Das Angebot unseres Institutes umfasst Elternabende, Fortbildungen für Fachkräfte sowie kurz- und längerfristige Begleitung und Beratung von Einrichtungen, Verbänden und Vereinen zu allen Fragen der Prävention.

Am zielführendsten setzt Prävention im institutionalisierten Bereich sowie im betreuten Freizeitbereich zuerst an der Träger- bzw. Leitungsebene an, um nachhaltig Strukturen für den Schutz von Mädchen und Jungen vor sexueller Gewalt zu verändern. Auch im „nicht betreuten" Freizeitbereich ist es sinnvoll, gezielt den ersten Schritt zur Erarbeitung von passgenauen Präventionsmaßnahmen auf der Leitungsebene (bei Schwimmbädern z. B. nicht die BademeisterInnen, sondern die Leitung der Bäder) anzusiedeln.

Nach der Entwicklung und Implementierung von gezielten strukturellen Präventionselementen (wie z. B. Meldeketten für das Vorgehen im Verdachtsfall, Verfahren für Gewinnung und Einstellung von MitarbeiterInnen, Fortbildungs- und Schulungskonzepte usw.) ist es sinnvoll, in einem zweiten Schritt gemeinsam mit den MitarbeiterInnen vor Ort Schutzvereinbarungen, die der jeweiligen Praxis entsprechen, zu entwickeln und einzuführen.

Prävention hat ihren Preis

Ergänzt werden muss dieses „Präventionspaket" durch die Unterstützung von Politik und Verwaltung, die anerkennen, dass alle Maßnahmen zum besseren Schutz von Mädchen und Jungen ihren Preis haben – und sich doch ab dem ersten geschützten Kind bereits „rentieren"! Dieser Schutz von Kindern und Jugendlichen muss politisch gewollt und erwünscht sein um eine Chance auf Umsetzung zu haben. Am Beispiel Kinderbetreuungsangebote wird aktuell leider deutlich, dass es primär in den Debatten häufig um die Quantität und die Kosten von Kinderbetreuungsplätzen geht, die Qualität, z. B. auch aus Sicht der Prävention, politisch und in den Medien aber kaum diskutiert wird.

Unterstützt werden muss dieser Ansatz von Prävention jedoch auch von den Medien, die eigentlich doch so gerne das einzelne Kind, wenn schon nicht akut betroffen, dann wenigsten durch ein medienwirksames Theater, einen Selbstbehauptungskurs o. ä. „geschützt", in den Mittelpunkt ihrer Berichterstattung stellen würden. Will Prävention jedoch umfassend und effektiv sein, braucht es dafür Öffentlichkeit und öffentliches Interesse, was ohne Unterstützung durch die Medien und eine differenzierte Berichterstattung schwerlich erreicht werden kann. Medien können diesen Prozess daher positiv unterstützen, indem sie auch über nachhaltige Präventionsmaßnahmen und –Methoden berichten, die primär Erwachsene in die Verantwortung nehmen und Kinder nicht in den Mittelpunkt der Präventionsarbeit stellen.

Aber auch Verantwortliche in Politik und Verwaltung gilt es für diesen Präventionsansatz zu gewinnen. Da es nicht ausreicht, Verantwortung an einige wenige erfahrene Fachleute zu delegieren und sich „mal eben" einen Präventionsspezialisten ins Haus zu holen, der/die mit den Mädchen oder Jungen „NEIN" sagen übt, ist diese Form der Prävention meist zeit- und kostenaufwendiger als kurzfristige, auf Mädchen und Jungen gerichtete Präventionsangebote. Das muss von den Verantwortlichen in Politik und Verwaltung verstanden und unterstützt werden.

Mädchen und Jungen als Zielgruppe von Prävention

Mädchen und Jungen werden bei dieser breitgefächerten Herangehensweise an die Prävention beileibe nicht völlig ausgeklammert. Sie sind, damit diese Art von Prävention funktioniert, wichtiges Korrektiv aller von Erwachsenen (im Sinne von Partizipation auch mit den Mädchen und Jungen) vereinbarten Präventionsmaßnahmen. Auf ihre Rückmeldung, inwieweit das Ziel eines verbesserten Schutzes ohne Beschneidung ihrer Freiheiten erreicht wird, kommt es an. Nur wenn sie über ihre Rechte, aber auch Beschwerdemöglichkeiten und Hilfsangebote informiert sind und soweit wie möglich an allen Schutzmaßnahmen beteiligt werden, kann ihr Schutz so umfassend wie eben möglich gestaltet werden.

Nicht zu vergessen ist bei der direkten Präventionsarbeit mit Mädchen und Jungen auch der sensible und doch klare Umgang mit Grenzverletzungen untereinander; das Thema „Sexuelle Übergriffe unter Kindern" erfährt zunehmend Aufmerksamkeit und wird erfreulich unaufgeregt in den Verantwortungsbereich von PädagogInnen integriert[8]. Auch die Problematik von zunehmend in den Blick genommener sexueller Gewalt, die durch Jugendliche ausgeübt wird, muss in Präventionskonzepte adäquaten Eingang finden und darin als Lebensrealität mitgedacht und mitbearbeitet werden.

Nur gemeinsam sind wir stark

Täter und Täterinnen werden angesichts einer Welt, in der in allen Lebensbereichen der Schutz von Mädchen und Jungen vor sexueller Gewalt hohe Priorität hat, hoffentlich seltener Mittel und Wege finden, sexuelle Gewalt auszuüben. Es bleibt daher Auftrag ganzheitlicher Prävention laufend aus Fällen, die aufgedeckt oder öffentlich werden, zu lernen und passende Gegenstrategien zu entwickeln[9].

Therapeutische Hilfen für Täter und Täterinnen müssen, will Prävention umfassend sein, ebenfalls auf Effizienz und Sinnhaftigkeit überprüft und laufend ggf. neuen Erkenntnissen aus der TäterInnenforschung angepasst werden.

All diese Maßnahmen sind nur möglich, wenn ein großer gesellschaftlicher Konsens darüber besteht, dass wir alle für den Schutz von Mädchen und Jungen vor sexueller Gewalt verantwortlich sind und dieser auch nur gemeinsam umzusetzen ist, wenn jede und jeder der eigenen Verantwortung gerecht zu werden versucht. Gemeinsam sind wir stark – dieses Motto der Arbeiterbewegung gilt auch für die Prävention.

---

[8] Vgl. Freund & Riedel-Breidenstein, 2004.

[9] So ist es z. B. im Bereich der Prävention von sexueller Gewalt im Internet nötig, sich laufend über neue Hard- und Software, daraus resultierende Angebote für PC und Handy und die daraus wiederum resultierenden Strategien von TäterInnen weiterzubilden, um passende Schutzmaßnahmen entwickeln und umsetzen zu können.

Literatur

AMYNA e. V. (Hrsg.) Kindler Dr. Heinz (2003). Evaluation der Wirksamkeit präventiver Arbeit gegen sexuellen Missbrauch an Mädchen und Jungen. Expertise. München: AMYNA.

Bange Dirk & Körner Wilhelm (2002). Handwörterbuch sexueller Missbrauch. Göttingen: Hogrefe-Verlag.

Bullens Ruud (1995). Der Grooming-Prozess – oder das Planen des Missbrauchs. In: Marquardt-Mau Brunhilde (Hg.). Schulische Prävention gegen sexuelle Kindesmisshandlung. Weinheim: Juventa.

Bundschuh Claudia (2001). Pädosexualität. Entstehungsbedingungen und Erscheinungsformen. Opladen: Leske+Budrich.

Fegert Jörg M. & Wolff Mechthild (2002). Sexueller Missbrauch durch Professionelle in Institutionen. Prävention und Intervention. Ein Werkbuch. Münster: Votum Verlag.

Freund Ulli & Riedel-Breidenstein Dagmar (2004). Sexuelle Übergriffe unter Kindern. Handbuch zur Prävention und Intervention. Köln: Verlag mebes&noack.

Christine Rudolf-Jilg

Verhaltenskodex & Co

Nachhaltige Prävention in Organisationen und Verbänden

Prävention ist wichtig, um Kinder und Jugendliche vor sexueller Gewalt zu schützen. Doch wie muss diese Prävention gestaltet sein, damit sie dieses Ziel auch tatsächlich erreicht? Ich möchte im Folgenden nach einer kurzen Bewertung „kindbezogener" Präventionsangebote die Vorteile von Präventionsansätzen verdeutlichen, die als Akteure in erster Linie Erwachsene sehen und auf deren jeweilige Verantwortungsbereiche v. a. in Institutionen fokussieren.

Unser Institut hat 2003 eine Expertise zur Wirksamkeit von Prävention herausgegeben, die Dr. Heinz Kindler für uns erstellt hat und auf die ich mich im Folgenden in kurzen Auszügen beziehen werde. Dr. Kindler stellte bei der Durchsicht der bis dahin publizierten und evaluierten Präventionsangebote fest, dass sich die deutlich überwiegende Anzahl der Angebote direkt oder vermittelt an die Kinder selbst richtete.

Prävention macht stark?

Diese „kindbezogenen" Präventionsansätze zeigen durchaus positive Effekte, wenn bestimmte Qualitätskriterien berücksichtigt werden. So sind die Dauer des Programms, die kindgerechte Aufarbeitung der Inhalte, vorhandene Beteiligungsmöglichkeiten für die Kinder und der Einbezug des Elternhauses für messbare positive Effekte wichtig. Erreicht werden kann damit im optimalen Fall ein Zuwachs an Verständnis und wahrgenommener Handlungssicherheit bei den teilnehmenden Kindern. In einer geringeren Anzahl an Untersuchungen wurde darüber hinaus festgestellt, dass diese Präventionsmaßnahmen dazu beitragen können, im Kreis der teilnehmenden Kinder real bereits bestehende Missbrauchssituationen zu beenden und in simulierten Hochrisikosituationen Veränderungen im kindlichen Verhalten herbeizuführen. Schließlich wurde in zwei größeren retrospektiven Befragungen gezeigt, dass die Teilnahme an einem qualitativ hochwertigen Präventionsprogramm auch über längere Zeit hinweg mit Unterschieden in der Viktimisierungsrate, im Abwehrverhalten, der Bereitschaft für Disclosure (d. h. dem Berichten von erlebter sexueller Gewalt) und der empfundenen Fähigkeit zum Selbstschutz einherging.[1]

Grenzen „kindbezogener Präventionsansätze"

Diese „kindbezogenen" Präventionsansätze finden jedoch schnell ihre Grenzen. Es gibt keine nachweisbaren Erfolge im Hinblick auf die Fähigkeit von Kindern, Übergriffe in Missbrauchssituationen **tatsächlich** abzuwehren und Verletzungen zu

---

[1] Vgl. Kindler, 2003, S. 57.

entgehen. Zudem stellen simulierte Hochrisikosituationen immer nur eine momentane akute Gefahr dar. Die Dynamik, die sich bei einem langsam angebahnten sexuellen Missbrauch entwickelt, findet hier keine Berücksichtigung. Der latente oder manifeste Zwang oder Druck, der in der Regel mit Übergriffssituationen einhergeht, aber auch die Vielfalt möglicher Übergriffsszenarien übersteigen die Abwehrfähigkeit von Kindern in der Regel deutlich. Zudem fehlen bei der Durchsicht der evaluierten Programme für bestimmte (besonders gefährdete) Gruppen von Kindern spezifisch zugeschnittene Präventionskonzepte.

Besonders gefährdet sind Untersuchungen zufolge

— emotional vernachlässigte Kinder,

— Kinder mit Viktimisierungserfahrungen[2],

— Kinder, die Partnerschaftsgewalt erleben mussten,

— Kinder mit Behinderungen,

— sowie Kinder und Jugendliche mit sexuell aggressiven bzw. riskanten Verhaltensmustern (z. B. Kinder, die selbst bereits übergriffig gegenüber anderen sind, sich an jugendgefährdenden Orten, auch im Internet, aufhalten oder jugendgefährdendes Verhalten zeigen, z. B. Pornos über Handy tauschen usw.).

Wir vermuten eine erhöhte Gefährdung, sexuell missbraucht zu werden auch für Kinder und Jugendliche mit Migrationshintergrund.

In all diesen Fällen ist unserer Erfahrung nach die Fähigkeit des Kindes zum Selbstschutz, häufiger jedoch auch die Fähigkeit der Eltern bzw. des nicht missbrauchenden Elternteils, das Kind zu schützen, deutlich verringert.

Diese heute belegbaren Risikofaktoren sind dem Einfluss von Kindern und Jugendlichen entzogen und können daher auch nur begrenzt in „kindbezogenen" Präventionsprogrammen Berücksichtigung finden.

Kindler fordert daher am Schluss seiner Expertise für die Prävention von sexueller Gewalt den lange als „Königsweg der Prävention" angesehenen Weg, das so genannte „Empowerment von Kindern" zu relativieren und eher auf die Vielfalt zu setzen: „Die Arbeit mit Bezugspersonen, mit Kindern, mit ganzen Institutionen, opfer- und täterpräventive Ansätze, rückfallpräventive Ansätze und öffentlichkeitswirksame Aktionen dürfen nicht in Konkurrenz zueinander stehen, sondern müssen parallel und mit gleicher Sorgfalt entwickelt werden"[3]. Aktuell fehlt jedoch eine dokumentierte Evaluation von Präventionsmaßnahmen, „die darauf abzielen Eltern, Fachkräfte oder ganze Einrichtungen zu einer eigenständigen Präventionsarbeit zu befähigen und in ihrer Verantwortlichkeit zu bestärken"[4].

---

[2] D. h. Kinder, die schon einmal Opfer waren.

[3] Kindler, 2003, S. 59.

[4] Kindler, 2003, S. 57.

Für das Präventionsmodell, das im Folgenden vorgestellt werden soll, ist daher die Wirksamkeit nicht mittels Untersuchungen belegt. Wir vermuten jedoch, dass deutliche Effekte zu verzeichnen sind.[5]

Begleitung von Organisationen

Seit 2005 bieten wir, d. h. die Mitarbeiterinnen von AMYNA, neben der klassischen Fortbildungsarbeit auch die Begleitung und Beratung von Institutionen bei der Entwicklung einrichtungsspezifischer Präventionskonzepte an.

Seitdem das Institut existiert, arbeiten wir ausschließlich mit Erwachsenen, die für die Betreuung und Erziehung von Kindern verantwortlich sind, da wir wissen, dass sich Kinder in der Regel nicht alleine schützen können, wenn der Täter oder die Täterin erwachsen oder sonst deutlich überlegen ist und strategisch vorgeht, sprich den Missbrauch plant und vorbereitet. Unser Ziel ist es daher, mit unserer Arbeit ganz generell Möglichkeiten des verantwortlichen Schutzes der Erwachsenen im jeweils eigenen Verantwortungsbereich auszuloten und zu vermitteln. Dies tun wir seit mittlerweile etwa 20 Jahren durch Fortbildung, Beratung und Schulung von Multiplikatorinnen und Multiplikatoren, durch die Beratung und Qualifizierung von Eltern und anderen Bezugspersonen sowie im Rahmen unserer Öffentlichkeitsarbeit.

Grundlage für die (zeitintensive) Begleitung von Organisationen und Verbänden ist die von uns verfolgte Idee, dass Institutionen auf der Leitungsebene für die Sicherheit von Kindern und Jugendlichen vor sexueller Gewalt innerhalb ihres Verantwortungsbereichs sorgen müssen und dass diese Leitungsebene im Rahmen ihrer Verantwortlichkeit viele Präventionselemente einführen und umsetzen kann.

In dieser Begleitung von Trägern von Einrichtungen der Kinder- und Jugendhilfe, aber auch Kinder- und Jugendarbeit, tragen wir dem Wissen Rechnung, dass Täter und Täterinnen Orte bevorzugen, an denen sich Kinder und Jugendliche aufhalten. Nicht wenige suchen sich als Fachkräfte, technische oder hauswirtschaftliche MitarbeiterInnen oder als Ehrenamtliche Tätigkeiten im pädagogischen Arbeitsfeld.

---

[5] Präventionsmaßnahmen rechtfertigen sich einzig durch ihre Wirksamkeit. Das Dilemma, vor dem die Prävention von sexuellem Missbrauch jedoch steht, ist, dass es für neuere Konzepte keine Wirksamkeitsforschung gibt. Um eine positive Wirkung auf den Schutz von Mädchen und Jungen vor sexueller Gewalt zumindest so wahrscheinlich wie möglich zu machen, müssen sich präventive Maßnahmen daher eng am vorhandenen und gesicherten Wissen über sexuellen Missbrauch orientieren. Als Grundlage dafür dient eine generative Analyse des Missbrauchsgeschehens, wie sie auch in der Expertise von Kindler (a. a. O) erarbeitet wurde. Diese Analyse muss immer wieder durch neue Erkenntnisse aus der Forschung zu sexuellem Missbrauch ergänzt werden. Nur so gibt es die berechtigte Annahme, dass Prävention wirklich greift. (Vgl. dazu auch den Artikel „Prävention geht alle an!" in diesem Buch, S. 7). Viele Präventionsmaßnahmen leiden daran, dass das vorhandene Wissen zu sexuellem Missbrauch ignorieren und vielmehr auf überholte mythische Vorstellungen und Fantasien zurückgreifen, beispielsweise, dass sexueller Missbrauch ausschließlich ein überfallsartiges Geschehen auf der Straße darstellt, dass Täter immer erwachsene Männer seien, die die Kinder kaum kennen usw. Heraus kommen dann sehr eindimensionale Strategien, die den Kindern alleine die Verantwortung für ihren Schutz aufbürden, indem sie die Illusion wecken, Kinder hätten Einfluss auf das Missbrauchsgeschehen, indem sie z. B. einfach „Nein" sagten. Solche Strategien dienen vermutlich eher dem Täter- als dem Kinderschutz, da sie den Beteiligten falsche Sicherheiten vermitteln.

Alle Präventionselemente können sinnvoll und systematisch auf unterschiedliche Bereiche der Kinder- und Jugendhilfe einschließlich der Kindertagesstätten, aber auch auf Schulen und Internate sowie zahlreiche Angebote von Kirchen übertragen werden.

Um eine hohe Passgenauigkeit auf den jeweiligen Träger zu erreichen, werden die Gegebenheiten und Strukturen sowohl der Einrichtung als auch des Trägers analysiert und das jeweilige Präventionselement an die Bedarfe und spezifischen Besonderheiten angepasst. Gemeinsam werden daher in Arbeitsgruppen, die von der jeweiligen Institution eingerichtet werden und in denen außer einer Mitarbeiterin unseres Instituts auch die Fachleute für die jeweiligen Arbeits- und Aufgabenfelder der Einrichtung bzw. des Trägers sitzen, diese individuellen Besonderheiten der jeweiligen Institution herausgearbeitet, aufgegriffen und mit ebenso individuellen Präventionsstrategien beantwortet.

Im Folgenden werden die (eher allgemein gültigen) strukturellen Präventionselemente vorgestellt.

1. Die Auswahl und Einstellung von ehrenamtlichen und hauptberuflichen MitarbeiterInnen

Ziel einer Präventionsstrategie, die bei der Auswahl und Einstellung von ehrenamtlichen und hauptberuflichen MitarbeiterInnen ansetzt, ist es, neuen MitarbeiterInnen bereits von Anfang an deutlich zu machen, dass sich die jeweilige Institution intensiv mit der Thematik des sexuellen Missbrauchs beschäftigt und sich nicht scheut, offensiv mit der Thematik umzugehen. Für pädosexuelle BewerberInnen ist das ein erstes deutliches Warnsignal. So ist bekannt, dass Institutionen mit einem offensiven Umgang mit der Problematik aus Angst vor Entdeckung von Pädosexuellen eher gemieden werden. Aus Polizeikreisen wurde berichtet, dass es in Internetforen von Pädosexuellen einen Austausch darüber gibt, welche Einrichtungen für diese empfehlenswert sind. Aus diesem Wissen nährt sich die Hoffnung, dass diese Strategie wirksam die „Einnistung" von MissbrauchstäterInnen in einer Einrichtung verhindern hilft.

Diese Präventionsstrategie orientiert sich zuerst einmal an der Frage, wie das Einstellungsverfahren innerhalb der Institution generell abläuft. Gibt es Stellenausschreibungen? In welcher Form und mit welchem Umfang? Wie kann hier das Thema „Prävention von sexueller Gewalt" kurz und dennoch aussagekräftig berücksichtigt werden? Wer ist verantwortlich für das Einstellungs- und Auswahlverfahren? Wer für das Einstellungsgespräch? Wurde auch bisher schon um Referenzen von vorherigen Arbeitgebern gebeten und wie wurden diese abgefragt? Die Vorlage eines polizeilichen Führungszeugnisses ist in Deutschland seit kurzem auch für freie Träger verpflichtend (§ 72a SGB VIII). Jeder dieser Schritte im Einstellungsverfahren wird nun dahingehend überprüft, wie er im Hinblick auf die „Abschreckung" möglicher Täter und Täterinnen optimiert werden kann.

Gibt es bei der Gewinnung und beim Einsatz von Ehrenamtlichen ein Konzept zum Schutz von Kindern und Jugendlichen? Wird auch hier ein polizeiliches Führungszeugnis verlangt? Werden Ehrenamtliche stufenweise an Aufgabenbereiche mit wachsender Verantwortung herangeführt oder aber z. B. sofort in der (Einzel-) Arbeit mit Kindern mit erhöhtem Risiko (s. o.) eingesetzt?

In München war z. B. vor etwa 2 Jahren ein Artikel in der Süddeutschen zu lesen, in dem Ehrenamtliche gesucht wurden, um sie in der Arbeit mit Kindern mit Migrationshintergrund, die schulisch gefährdet waren, einzusetzen. Was wird hier getan, um zu verhindern, dass sich Pädosexuelle in diesem Bereich „niederlassen"?[6]

Ein anderes (Negativ-) Beispiel in den vergangenen Jahren war der direkte Einsatz von neu gewonnenen Ehrenamtlichen in der Einzelarbeit mit Kindern, deren Eltern suchtkrank bzw. psychisch krank sind. Bei all diesen Kindern gehen wir von einem erhöhten Risiko aus, da der Selbstschutz der Kinder aufgrund bestehender Belastungsfaktoren mit Sicherheit nicht voll ausgebildet und auch die Schutzfähigkeit der Eltern vermutlich deutlich herabgesetzt ist. Hier Ehrenamtliche, die der Institution noch nicht bekannt sind, sofort im Einzelkontakt einzusetzen, ist vor dem Hintergrund bekannter Täterstrategien und der Art und Weise, wie TäterInnen potenzielle Opfer suchen, im mildesten Sinne grob fahrlässig. Eine Möglichkeit der Absicherung wäre in diesen Fällen, neben einem reflektierten Einstellungsverfahren, eine Abstufung des Einsatzes zuerst in der Gruppenarbeit mit erfahrenen KollegInnen, dann die Arbeit alleine mit einer Gruppe von Kindern und schließlich nach einer durchweg positiven Bewertung durch KollegInnen und Kinder in der Einzelarbeit.

So gibt es viele Bemühungen von Institutionen, Ehrenamtliche zur Förderung benachteiligter Kinder einzusetzen. Oft wird hier jedoch der Schutz der Kinder sträflich vernachlässigt. Ehrenamtliche werden über Annoncen gesucht und – kaum gefunden und dem Träger kaum bekannt – direkt und alleine mit den Kindern eingesetzt.

Zentrale Aufgabe in diesem Arbeitsfeld ist es, bei der Einführung strukturell verankerter Prävention festzustellen, welche Möglichkeiten es gibt, bereits bei der Einstellung bzw. Gewinnung deutlich zu machen, welche Haltung die Institution zu diesem Thema hat. Dies schreckt Täter und Täterinnen erfahrungsgemäß eher ab.

2. Schulungs- bzw. Fortbildungs- und Qualifizierungsangebote für hauptberufliche bzw. ehrenamtliche Mitarbeiter und Mitarbeiterinnen in Institutionen

Ziel dieses Präventionselementes ist es, die Wahrnehmungsfähigkeit, vor allem aber die Handlungssicherheit der Erwachsenen in Bezug auf sexualisierte Gewalt zu erhöhen. Erwachsene, die sich dem Themenbereich „gewachsen" fühlen, da sie gelernt haben, eigene Ängste zu reflektieren und die ein sinnvolles Vorgehen zur Vorbeugung von sexualisierter Gewalt bzw. zur frühzeitigen Aufdeckung kennen, können vermutlich angemessener und sicherer agieren.

Im Rahmen dieses Themenbereichs geht es daher darum herauszuarbeiten, wer welche Kompetenzen haben soll und wie die jeweilige Qualifizierung daher konzipiert werden muss.

Personalverantwortliche, die nicht im direkten Kontakt mit Kindern und Jugendlichen stehen, benötigen in der Regel nur einiges an Basiswissen zu sexueller Gewalt sowie Kompetenzen im Bereich der Personalauswahl und Personalführung,

---

[6] Vgl. Artikel „Verletzliche Patenkinder" in diesem Buch, S. 85.

die präventiv wirken bzw. im Interventionsfall benötigt werden. Ziel ist es, sie zu befähigen, bei der Personalauswahl die Einstellung pädosexuell motivierter BewerberInnen möglichst zu verhindern. Zudem müssen Personalverantwortliche durch klare und transparente Personalführung auch in Verdachtsfällen den Schutz von Kindern und Jugendlichen gewährleisten und gleichzeitig den Schutz von MitarbeiterInnen bei falschem Verdacht sicherstellen.

Soll es dagegen in der Institution so etwas wie eine „insoweit erfahrene Fachkraft"[7] für dieses Thema oder eine Vertrauensperson geben, benötigt diese nicht nur ein breites Grundwissen zu sexueller Gewalt und Täterstrategien, sondern auch Kenntnisse über ein umfangreiches externes Netzwerk an Beratungs-, Hilfs- und Interventionsstellen. Darüber hinaus muss sie über das Vorgehen nach § 8a SGB VIII sowie bestehende interne Meldeverfahren (s. u.) Bescheid wissen und schnelle Kontaktmöglichkeiten zu Geschäftsführung und Vorstand bzw. Leitung haben.

Neue MitarbeiterInnen benötigen eine Einführung in die verbindlichen Präventionselemente der Institution. Neues Leitungspersonal benötigt zudem eine Einführung in das Krisenmanagement der Institution im Verdachts- bzw. Interventionsfall.

Zentrale Aufgabe ist es bei diesem Präventionselement also, für alle Gruppierungen, die innerhalb der Institution tätig sind (und hier ist auch an Ehrenamtliche, das Putz- und Küchenpersonal sowie Hausmeister und Zivildienstleistende zu denken) den jeweils erforderlichen Schulungsbedarf zu formulieren sowie den Turnus zu erarbeiten, in dem diese Schulungen angeboten werden bzw. genutzt werden (müssen). D. h. auch die Verbindlichkeit dieser Qualifizierung ist festzulegen. Die strukturell verankerte Weiterbildung zu diesem Thema sorgt für eine gleich bleibende bzw. wachsende Sicherheit, aber auch Sensibilität aller MitarbeiterInnen in diesem Themenbereich.

3. Ein allgemeiner Verhaltenskodex und situations- und altersspezifische Schutzvereinbarungen

Ein Verhaltenskodex bzw. gemeinsame Leitlinien zum Verhalten formulieren für die gesamte Institution bzw. für den gesamten Träger verbindliche allgemeine Verhaltensregeln und stellen ein deutliches Bekenntnis zum Kinderschutz dar. Dies stärkt die Identifizierung der Mitarbeiter und Mitarbeiterinnen mit den (präventiven) Zielen des Trägers und wirkt zugleich abschreckend auf potenzielle Täter und Täterinnen[8].

Ergänzt werden sollte dieses eher allgemeine Bekenntnis durch konkrete Schutzvereinbarungen, die an den jeweiligen Arbeitssituationen, in denen es zu besonderer Nähe zu Kindern und Jugendlichen kommen kann, ansetzen und innerhalb einer Institution bzw. eines Trägers durchaus unterschiedlich sein können. Wichtig ist dabei, dass diese Schutzvereinbarungen zwar vom Träger gewünscht werden

---

[7] Der Begriff der „insoweit erfahrenen Fachkraft" wurde mit der Einführung des § 8a SGB VIII geschaffen. Diese erfahrene Fachkraft besitzt in der Regel spezifische Kenntnisse zu allen Formen der Kindeswohlgefährdung und muss zur Abschätzung des Gefährdungsrisikos in den Verfahrensablauf einbezogen werden.

[8] Vgl. Artikel „Interessen vertreten – Verantwortung übernehmen" in diesem Buch, S. 45.

können, jedoch von den Mitarbeitern und Mitarbeiterinnen gemeinsam für ihre spezifische Arbeit entwickelt, diskutiert und beschlossen werden müssen. Nur hier sitzen die Experten und Expertinnen, die wissen, was Übergriffe möglich machen würde und was sie im Gegenzug verhindern kann.

Je nach dem Rahmen der Arbeit können dies z. B. bei einem Jugendverband die Schutzvereinbarungen sein „kein gemeinsames Duschen mit Kindern", „getrennte Zimmer für Erwachsene und Kinder bei Freizeiten" und „keine verschlossenen Türen bei Einzelgesprächen mit Kindern". In der Krippe hingegen wären Schutzvereinbarungen z. B. „Fiebermessen nur mit Ohrthermometer", „Erwachsene legen sich beim Mittagsschlaf nicht zu den Kindern". In einem Internat könnten u. a. folgende Schutzvereinbarungen gelten: „In den Zimmern der Kinder sitzen BetreuerInnen nicht auf der Bettkante, sondern auf einem Stuhl", „Kinder werden nicht in den eigenen Wohnbereich mitgenommen", „Unternehmungen mit einzelnen Kindern werden vorab angemeldet und transparent gemacht".

Zentral ist bei diesen Schutzvereinbarungen, dass sie Situationen, in denen Kinder missbraucht werden, aber auch MitarbeiterInnen fälschlicherweise verdächtigt werden könnten, aufgreifen und für alle Beteiligten (Kinder und MitarbeiterInnen) das erwünschte und vereinbarte Handeln klären. Abweichendes Handeln ist in Ausnahmefällen möglich, müsste dann aber im Team bzw. mit der Leitung abgesprochen werden. Dies ermöglicht es sowohl KollegInnen als auch Kindern, häufige bzw. nicht abgesprochene Abweichungen von der jeweiligen Schutzvereinbarung zu benennen und dagegen vorzugehen, lange bevor der Verdacht des Missbrauchs in den Raum gestellt werden muss.

Wichtig ist es, sowohl den Verhaltenskodex als auch die Schutzvereinbarungen immer wieder mit den Mitarbeitern und Mitarbeiterinnen zu diskutieren, ggf. auch zu verändern, aber auch mit vereinbarten Sanktionen (Ehrenamtliche: pädagogisches Gespräch, Auszeit usw., Hauptberufliche: Ermahnung, Abmahnung, Kündigung ...) zu verknüpfen, die im Zweifelsfall auch umgesetzt werden. Dies schafft Klarheit und Transparenz, aber auch Handlungssicherheit für alle Beteiligten.

4. Ein internes Meldeverfahren im Verdachtsfall bzw. bei erwiesenen Fällen sexueller Gewalt

Die oben beschriebenen Maßnahmen, die eher vorbeugenden Charakter haben, werden vervollständigt durch ein klar festgelegtes und für alle Mitarbeiter und Mitarbeiterinnen festgeschriebenes Verfahren für den Fall eines Verdachts bzw. für den Fall eines erwiesenen sexuellen Übergriffs.

Da alle umgesetzten Maßnahmen der Prävention erfahrungsgemäß die Aufdeckungsrate erhöhen, ist es sinnvoll, diese um klare Richtlinien zu ergänzen, wie innerhalb des Trägers mit einem Verdacht (v. a. gegenüber hauptberuflichen bzw. ehrenamtlichen MitarbeiterInnen) umzugehen ist. Auch diese internen Meldeketten sind einerseits verallgemeinerbar (d. h. enthalten für fast alle Institutionen und Träger gleiche Elemente), andererseits individuell zu erarbeiten, damit trägerspezifische Besonderheiten berücksichtigt werden können. Zentral ist hier der deutlich formulierte Wunsch und Wille des Trägers, dass alle MitarbeiterInnen beim Verdacht auf sexuelle Gewalt innerhalb der Institution im Sinne des Kinderschutzes handeln und Vermutungen oder gar Kenntnisse über Fehlverhalten von KollegInnen an die Leitung weitergeben.

Zudem sollten Meldeketten klar formulieren und beinhalten, wann und ggf. wie und durch wen externe Stellen hinzuzuziehen sind (Beratungsstellen, Jugendamt, Polizei). Bei Trägern und Einrichtungen, für die der § 8a SGB VIII gilt, ist dieser natürlich zu berücksichtigen.

5. Ein Beschwerdemanagement für Kinder und Eltern

Nur wenn auch Kinder, Jugendliche und Eltern wissen, welche Leitlinien innerhalb des Trägers gelten und welche Vereinbarungen zum Schutz vor sexuellen Übergriffen getroffen wurden, können sie eine Sicherheit dafür entwickeln, wenn „irgendetwas falsch läuft".

Wenn Kinder und Jugendliche einen sexuellen Missbrauch oder sexualisierte Übergriffe erlebt haben, fällt es ihnen oft sehr schwer, dieses Geschehen „einzuordnen" und darüber zu sprechen. Hilfreich ist es für sie, wenn bereits vorher mit ihnen – altersangemessen – über sexuelle Gewalt gesprochen wurde. Es gibt Anlass zur Hoffnung, dass es Kindern und Jugendlichen leichter fällt, sexualisierte Grenzverletzungen rasch als solche zu erkennen, zu bewerten und davon zu berichten, wenn sie merken, dass Erwachsene das Thema kennen, das Problem und den Schutz ernst nehmen und auch zur Hilfestellung in der Lage sind.

Daher ist die Information von Kindern, Jugendlichen und Eltern über getroffene Schutzvereinbarungen ebenso wichtig wie ein klar strukturiertes und formuliertes Beschwerdemanagement bzw. Beschwerdeverfahren, in dem für sie transparent geregelt ist, was sie tun können, wenn Erwachsene ihre Rechte missachten.

Hilfreiche Fragen hierzu lauten: An wen wendet sich ein Kind bzw. ein Elternteil in welcher Form und zu welchem Zeitpunkt für den Fall eines sexuellen Übergriffs bzw. für den Fall, dass jemand ihre Persönlichkeitsrechte missachtet? Wie läuft das Verfahren dann weiter ab? Wer gibt welche Information an wen weiter?

Transparenz in der regelmäßigen Arbeit mit Kindern und Jugendlichen ist ein wichtiges Element, um Sicherheit für alle Beteiligten herzustellen. Darüber hinaus müssen individuelle Besonderheiten des Trägers berücksichtigt werden (das Beschwerdemanagement wird für eine Kindergruppe der Pfadfinder deutlich anders aussehen als für ein Patenprojekt, wie es oben für Kinder psychisch kranker Eltern beschrieben wurde; das Beschwerdemanagement bei einer Jugendfreizeit anders als in einer Kinderkrippe).

Wichtig ist in allen Fällen, dass der Träger des jeweiligen Angebots deutlich macht, wie wichtig ihm der Schutz von Kindern und Jugendlichen vor sexueller Gewalt ist und dass er sich wünscht, dass Kinder und Jugendliche eventuell vorkommende sexuelle Grenzverletzungen und sexuelle Gewalt aufdecken. Zudem sollte Kindern und Jugendlichen vermittelt werden, dass es aus Trägersicht völlig in Ordnung ist, nicht nur innerhalb der Organisation Hilfe und Unterstützung zu suchen, sondern auch außerhalb des Trägers jede gewünschte Vertrauensperson zu wählen. Auch Eltern müssen beide Wege, der der internen Anlauf- und Beschwerdestelle, aber auch die Möglichkeit, bei einem Verdacht auf sexuelle Gewalt durch MitarbeiterInnen der Institution externe Beratung in Anspruch zu nehmen, angeboten und offengehalten werden.

Hauptaufgabe ist es in diesem Bereich der Prävention, ausgehend von den unmittelbaren Zielgruppen des jeweiligen Arbeitsfelds, einerseits die nötigen und relevanten Informationen regelmäßig alters- und situationsgerecht zu vermitteln und andererseits eine Beschwerdekultur zu entwerfen und in der Folge zu etablieren, die es möglich macht, erste Grenzverletzungen zur Sprache zu bringen, ohne dass dies als „petzen" bzw. „anschwärzen" gilt. Dass benannten Grenzverletzungen auf eine korrekte Art und Weise nachgegangen werden muss (siehe oben unter Meldeverfahren) und diese auch Konsequenzen haben müssen, damit neben dem Schutz der betroffenen Kinder und Jugendlichen – der immer an erster Stelle steht – auch die Glaubwürdigkeit und Ernsthaftigkeit des Trägers sichergestellt ist, ist dringend erforderlich.

6. Weitere Maßnahmen

Zahlreiche weitere Maßnahmen sind trägerspezifisch denkbar und möglich; so ist etwa die Installation einer Vertrauensperson denkbar bzw. eine interne Kontaktperson für die Kinder und Jugendlichen anzuraten. Wichtig ist es aus Sicht unseres Instituts und den Erfahrungen der bisherigen Arbeit mit Trägern und Institutionen, möglichst genau die Rahmenbedingungen und die vorhandenen Strukturen, aber auch die Bedingungen der Arbeit mit den Kindern und Jugendlichen anzusehen, zu überlegen, was hier Übergriffe möglich machen oder erleichtern würde, um dann im Gegenzug Schutzmaßnahmen zu installieren.

Zentral bei dieser Form von Prävention ist, dass sie vom Träger bzw. der Leitung veranlasst wird. Sie ist daher in den Grundzügen eine personenunabhängige (d. h. nicht davon abhängig, dass sich einige wenige engagierte Personen für die Prävention einsetzen) und durch die Einbettung in die jeweilige Trägerstruktur nachhaltig verankerte Prävention, die mit einer deutlichen Entlastung für einzelne Mitarbeiter und Mitarbeiterinnen und stärkerer Verantwortung des Trägers einhergeht. Übersehen werden darf dabei nicht, dass alle MitarbeiterInnen immer wieder beteiligt und motiviert werden müssen, am Schutzkonzept mitzuarbeiten und sich damit (auch kritisch, im Sinne von Weiterentwicklung und Veränderung) auseinanderzusetzen.

Dies bewerten wir als sehr effizient, da zahlreiche Maßnahmen, wenn sie in die Struktur eingebettet werden konnten, dauerhaft und nachhaltig wirken und zudem, so unsere Erfahrungen, über die einzelne Maßnahme hinaus langfristig bewusstseinsverändernd und sensibilisierend wirken. Alle oben beschriebenen Maßnahmen bedeuten viel Arbeit, sowohl bei der Entwicklung, der individuellen Anpassung, als auch bei der langfristigen Umsetzung. Die Erfahrung zeigt jedoch, dass die Institutionen, die auch nur mit einer Maßnahme beginnen, sich im Bereich der Prävention von sexueller Gewalt weiterentwickeln und damit in der Regel einen länger währenden Qualifizierungs- und Sensibilisierungsprozess in Gang setzen. Jede einzelne Maßnahme kann damit den Schutz von Kindern und Jugendlichen erhöhen und das Vertrauen der Eltern in die Einrichtung verbessern.

Anzudenken wäre angesichts der aktuellen Debatte zu Missbrauch in Institutionen abschließend, inwieweit die finanzielle Förderung von Institutionen durch öffentliche Mittel mit Auflagen zur Einführung der in diesem Artikel beschriebenen strukturellen Präventionsmaßnahmen sinnvoll gekoppelt werden kann, um so den Schutz von Mädchen und Jungen vor sexueller Gewalt in Institutionen nachhaltig und langfristig zu verbessern.

Literatur

AMYNA e. V. (Hrsg.) Kindler Dr. Heinz (2003). Evaluation der Wirksamkeit präventiver Arbeit gegen sexuellen Missbrauch an Mädchen und Jungen. Expertise. München: AMYNA.

Bange Dirk (1992). Die dunkle Seite der Kindheit. Sexueller Missbrauch an Mädchen und Jungen. Ausmaß-Hintergründe-Folgen. Köln: Volksblatt-Verlag.

Bange Dirk (2007). Sexueller Missbrauch an Jungen. Die Mauer des Schweigens. Göttingen: Hogrefe-Verlag.

Bange Dirk & Körner Wilhelm (Hrsg.) (2002). Handwörterbuch. Sexueller Missbrauch. Göttingen: Hogrefe-Verlag.

Bayerischer Jugendring (2001). Prävention vor sexueller Gewalt in der Kinder- und Jugendarbeit. Basisinformationen zum Thema „Sexuelle Gewalt". Baustein 1. München: BJR.

Hofmann Urs (2004). Das soziale Klima als Ansatzpunkt. Prävention sexueller Ausbeutung in Freizeitorganisationen. In: Limita (Hrsg.) Stark sein alleine genügt nicht. Prävention sexueller Ausbeutung von Mädchen und Jungen. Basel: Lenos Verlag, 231–241.

Härtl Sibylle & Unterstaller Adelheid (Hrsg.) (2003). Raus aus der Nische. Prävention von sexuellem Missbrauch als fester Bestandteil pädagogischen Handelns. München: AMYNA.

Karremann Manfred (2007). Es geschah am helllichten Tag. Die verborgene Welt der Pädophilen und wie wir unsere Kinder vor Missbrauch schützen. Köln: Dumont.

Kohler Iris Christa (2004). Der sexuelle Übergriff beginnt im Kopf. Prävention sexueller Ausbeutung im Sport. In: Limita (Hrsg.) Stark sein alleine genügt nicht. Prävention sexueller Ausbeutung von Mädchen und Jungen. Basel: Lenos Verlag.

Rudolf-Jilg Christine (2008). Sexualisierte Gewalt in der Kinder- und Jugendarbeit. Warum Prävention in diesem Bereich wichtig ist. In: K3. Das Magazin des Kreisjugendrings München-Stadt. 3/2008, 11.

Rudolf-Jilg Christine (2008). Die Wirksamkeit von Prävention unter besonderer Berücksichtigung von strukturellen Präventionselementen. Vortrag anlässlich der Tagung „Optimale Standards für maximalen Kinderschutz – Prävention sexueller Gewalt in Schulen und in anderen Institutionen im Kinder- und Jugendbereich". Kinderschutz Schweiz. Unveröffentlichtes Manuskript.

Parvaneh Djafarzadeh

Zwischen Tabu und Akzeptanz

Besonderheiten der interkulturellen Präventionsarbeit gegen sexuellen Missbrauch und ihre Schwierigkeiten

Prävention von sexuellem Missbrauch an Mädchen und Jungen ist ein wesentlicher Teil des Schutzes vor Kindeswohlgefährdung und sollte alle Mädchen und Jungen unabhängig von ihrem kulturellen, ethnischen und sozialen Hintergrund und ihren körperlichen Merkmalen wie Geschlecht, Hautfarbe oder Behinderung betreffen. Allerdings unterscheidet sich eine hilfreiche Präventionsarbeit mit einzelnen dieser Gruppen in Nuancen, die nicht unwesentlich sind. Die Gleichbehandlung vieler Mädchen und Jungen, die manchen Fachkräften in Institutionen als gerecht erscheint, ist nicht immer gerecht, denn Kinder sind sehr unterschiedlich. Diese Unterschiede nicht zu berücksichtigen, kann für die Wirkung der Präventionsarbeit negative Folgen haben. In diesem Artikel soll es nun darum gehen, welche Besonderheiten zu berücksichtigen sind, welche Voraussetzungen eine gelingende Präventionsarbeit im interkulturellen Rahmen braucht und mit welchen Schwierigkeiten die interkulturelle Präventionsarbeit immer noch konfrontiert ist.

In der interkulturellen Präventionsarbeit ist die Berücksichtigung der verschiedenen Lebenssituationen und unterschiedlichen Lebenszusammenhänge von AdressatInnen der Präventionsarbeit wichtig. Diese Lebenssituationen und -zusammenhänge können die kulturelle, ethnische oder soziale Herkunft von Mädchen und Jungen, ihre familiäre Situation oder ihre körperlichen und geistigen Fähigkeiten sein. In diesem Artikel möchte ich mich auf den kulturellen Aspekt im Sinne von ethnischer Kultur begrenzen und damit einige Hintergrundaspekte der Präventionsarbeit zumindest für manche Kulturen beleuchten, die von Fachkräften oft als „islamisch" bezeichnet werden.

Diese Unterscheidung allein reicht jedoch nicht aus. Es gibt zwar kulturelle Unterschiede im Umgang mit den Themen Sexualität, sexuelles Verhalten, sexuelle Gewalt oder sexueller Missbrauch an Kindern; manche Unterschiede sind jedoch eher individuell oder situationsabhängig zu verstehen. Es ist grundsätzlich ein schwieriges Unterfangen, unterschiedliche Haltungen zum Thema sexuelle Gewalt und unterschiedliche Umgangsweisen damit einerseits kulturell und andererseits situationsbedingt zu definieren. Oft wird vorschnell kulturell attribuiert. Nicht immer ist dies aber relevant oder hilfreich, denn es entspricht zum einen oft nicht der Realität und führt zum anderen auch zur Reduzierung der Menschen auf diesen Aspekt. Die Reduzierung der Menschen schafft eine Distanz, die es schwer macht, miteinander einen Weg auszuprobieren und etwas zu erreichen.

Um mit Menschen mit Migrationshintergrund gut zusammen zu arbeiten, ist es für Fachkräfte wichtig, ein Gespür dafür zu entwickeln, wann sie es mit kulturell motivierten und wann mit eher individuell oder situationsbedingten Verhaltensweisen oder Verarbeitungsmustern zu tun haben.

Im Folgenden möchte ich deshalb eine Unterscheidung zwischen kulturellen und situativen Bedingungen erst im Hinblick auf das Thema sexueller Missbrauch und dann zur Sexualerziehung versuchen, um anschließend die Voraussetzungen für eine gut funktionierende Präventionsarbeit mit Menschen mit Migrationshintergrund zu beschreiben.

Sexueller Missbrauch

Es ist keine Frage, dass der Umgang mit dem Thema sexueller Missbrauch in verschiedenen Kulturen unterschiedlich ist, weil er unterschiedlich von Scham und Tabus geprägt oder belastet ist.

Neben der Tatsache, dass das Sprechen über die erlebte sexuelle Gewalt ohnehin ein großes Tabu in allen Teilen der Welt ist, ist auch das offene Sprechen über Sexualität und die dazugehörige Intimität oft nicht üblich. Es gibt nicht überall Bücher, Zeitschriften und andere Medien zu diesen Themen, zumindest nicht offen und legal. Es gibt ebenfalls nicht überall die Überlegung, z. B. Kinder sexuell aufzuklären und ihnen das Sprechen über Sexualität zu ermöglichen und ihr Fragen zu beantworten. Für die Menschen, die in so einer Gesellschaft, in der Intimitätsthemen tabuisiert sind, aufwachsen und sozialisiert werden, ist es nicht leicht, über sexuelle Gewalt (ob selbst erfahren oder nicht) zu sprechen.

Aber es gibt auch jede Menge individuelle Gründe, warum gerade dieses Opfer oder jener Täter sich so verhält, wie es/er sich gerade verhält, und das sind oft Gründe, die mit dem kulturellen Hintergrund nichts zu tun haben und viel mehr aus der Lebenssituation heraus resultieren oder rein individueller Natur sind: Angst, Abhängigkeit, Ächtung, Isolation … Gerade die individuellen Reaktionen von MigrantInnen werden oft in Fachkreisen nicht als solche wahrgenommen und eher durch kulturelle Erklärungsmuster verstanden. In unseren Kontakten zu Beratungsstellen erleben wir oft, dass die MitarbeiterInnen bei der Beratung der Menschen mit Migrationshintergrund, egal um welches Thema es geht, sehr schnell ihre „Kulturbrille" aufsetzen und im Verhalten ihrer Klientel nach kulturellen Erklärungen suchen. Auch in Kinder- und Jugendeinrichtungen wird schnell auf „kulturspezifische" Argumente zurückgegriffen, wenn es um Probleme in der Präventionsarbeit von sexuellem Missbrauch mit Kindern und Jungendlichen mit Migrationshintergrund geht. Eine individuelle Betrachtung der einzelnen Fälle, wie es bei Familien oder Kindern deutscher Herkunft üblich ist, scheint, meiner Erfahrung nach, für MigrantInnen nicht zu gelten.

Eine Reaktion aus der Lebenssituation heraus kann sein, dass z. B. ein Mädchen oder eine junge Frau nach einem erlebten sexuellen Missbrauch in das Herkunftsland der Eltern geschickt wird, weil die Lebensumstände ihrer Familie zu dieser Zeit unerträglich erscheinen. Der Druck, den die Familie in diesem Moment von der Community (von Verwandten und Bekannten) spürt, ist nicht NUR kultureller Natur, sondern auch abhängig von dem Bedürfnis, soziale Kontakte zu haben und als Mitglied des sozialen Netzwerkes anerkannt zu sein. In dem Fall verursacht die „Lebensbedingung Migration" die Entscheidung, die betroffene junge Frau in das Heimatland der Eltern zu schicken. In dem Fall braucht die Familie oder brauchen die EntscheidungsträgerInnen eine besondere Beratung, die ihnen die Alternativen zum Heimatland aufzeigt, z. B. eine Einrichtung in einer anderen Stadt oder in einem anderen Bundesland.

Ebenfalls kann z. B. der Widerstand von manchen migrierten Eltern gegen Sexualerziehung in der Kindertagesstätte in der Angst vor unnötigen Informationen über Sexualität begründet sein, die aus ihrer Sicht ihre Kinder überfordern könnten. Diese Angst begleitet viele Eltern auch deutscher Herkunft, was aber in dem Fall als individuelles Problem verstanden, bei MigrantInnen aber eher in ihrer Herkunft begründet wird. Für beide dieser Fälle wäre eine unterstützende Elternarbeit nötig, die die Eltern über Sexualerziehung informiert und ihnen die Angst nimmt.[1]

Das Schweigen der betroffenen Mädchen und Jungen über sexuellen Missbrauch beispielsweise ist ein weiterer Faktor, der zwar oft von Fachleuten kulturell begründet wird, jedoch kulturübergreifend beobachtet wird. Argumentationen, die begründen sollen, dass betroffene Mädchen und Jungen mit Migrationshintergrund aus kulturellen Gründen schweigen, berufen sich oft auf die Tabuisierung von Sexualität und sexuellen Handlungen in den Ursprungskulturen, was auch richtig sein kann. Den Grund des Schweigens jedoch *nur* im kulturellen Zusammenhang zu sehen ist eine Vereinfachung und Reduzierung, was auch die adäquate Hilfestellung verhindern kann. Im Folgenden möchte ich versuchen, verschiedene Aspekte für das Beispiel „Schweigen" zu erläutern, die vollkommen unterschiedliche Gründe haben und eine genaue Betrachtung der einzelnen Fälle notwendig machen.

A. Schweigen als individuelle Überlebensstrategie: Yücel Kossatz hält psychische Überlebensstrategien der betroffenen Mädchen und Jungen prinzipiell für eine kulturübergreifende Reaktion: „sich tot stellen, unterwerfen, versuchen innerlich zu flüchten oder zu kämpfen"[2].

M. E. stellt auch das Schweigen eine Überlebensstrategie dar. Kossatz begründet allerdings dieses Schweigen bei Mädchen und Jungen muslimischen Hintergrunds mit einem kulturellen Erklärungsmuster, was aus meiner Sicht nicht haltbar ist.

Kossatz sieht bei Mädchen mit Migrationshintergrund das Schweigen in Folge eines sexuellen Missbrauchs als die innere Flucht, und bei den Jungen sieht sie den Grund des Schweigens im Kampf, den sie führen, um ihrer männlichen Rolle gerecht zu werden und die erlebte Gewalt nicht zuzugeben[3]. Das ist jedoch nicht spezifisch für Muslime. Die kulturelle Prägung dieser geschlechtsspezifischen Reaktion liegt im Patriarchat und gilt für fast alle patriarchalen Kulturen. Die männliche Sozialisation in allen patriarchalen Gesellschaften erfordert, dass Jungen für sich keine Opferrolle akzeptieren und keine Schwäche zugeben sollen. Die Erfahrung von vielen Beratungsstellen,

---

[1] Vgl. hierzu auch den Artikel „Geschützter Rahmen, offene Haltung! Präventionsarbeit mit Eltern mit Migrationshintergrund in diesem Buch, S. 77.

[2] Kossatz, 2003.

[3] Ebd.

die mit betroffenen Jungen arbeiten, bestätigt dies.[4] Entsprechend ähnlich sind die Erfahrungen der Beratungsstellen für Mädchen, wie Kossatz oben beschreibt.

B. Schweigen wegen spezieller Lebensbedingungen: Friesa Fastie beschreibt einen anderen Aspekt des Schweigens bei Mädchen mit Migrationshintergrund, der eher auf ihre Lebenssituation zurückzuführen ist. Sie beschreibt, dass die betroffenen Mädchen aus der Sorge, in den Behörden rassistischen Vorurteilen ausgesetzt zu sein, lange schweigen. Darüber hinaus lässt die aufenthaltsrechtliche Bestimmung vielen betroffenen Mädchen, deren Aufenthaltsstatus an die Aufenthaltsgenehmigung der Familie oder des Vaters gekoppelt ist, keine andere Möglichkeit als Schweigen. Denn wenn die Betroffenen die Familie verlassen wollen, können sie in die Herkunftsländer (der Eltern) abgeschoben werden.[5] Auch das neue Einwanderungsgesetz hat an dieser Bestimmung nichts geändert. Friesa Fastie hat sich in ihrem Text nur auf Mädchen bezogen. Die Folgen des Gesetzes können sich aber m. E. auch in ähnlicher Weise auf Jungen auswirken.

C. Schweigen aus kulturellen Gründen: Das Schweigen kann aber auch kulturell bedingte Gründe haben. Beispielsweise bekommen Mädchen und Jungen im Laufe ihrer Erziehung und Sozialisation in Kulturen, in denen Sexualität für Kinder generell als Tabu gilt, die Botschaft, in keine sexuellen Handlungen verwickelt werden zu dürfen. Diese Botschaft sitzt tief in der Erziehung und gibt zumindest den Mädchen das Gefühl, egal ob sie freiwillig sexuelle Erlebnisse haben oder mit Druck und Gewalt zu sexuellen Handlungen gezwungen werden, seien sie schuld. Den bisherigen Untersuchungen zur Folge hat das In-Gang-Kommen von Disclosure[6] generell eine sehr geringe Rate. Nur 1/4 bis 1/3 der betroffenen Kinder suchen kurz nach den Missbrauchserlebnissen von sich aus Hilfe.[7] Beim Hinzukommen der oben beschriebenen kulturell bedingten Hindernisse, die die Hilfesuche erschweren, ist diese Rate womöglich noch geringer.

Die Erkenntnis, dass ein Verhalten oder eine Reaktion verschiedene Ursachen haben kann, kann z. B. der Intervention bei sexuellem Missbrauch oder den professionellen Bezugspersonen von Mädchen und Jungen helfen, bei der Einschätzung ihrer Einzelfälle ihren Blick zu erweitern und aus der Verengung herauszukommen, dass kulturelle Besonderheiten für Alles verantwortlich seien. So kann auch die Möglichkeit der Hilfestellung erweitert werden und den betroffenen Mädchen und Jungen adäquate Unterstützung geleistet werden. Diese wäre je nach Alter der Betroffenen und je nach Besonderheit des Falles unterschiedlich. Im Beispiel A kann es hilfreich sein, dem Mädchen die Möglichkeit der Veränderung der Lebensumstände zu zeigen z. B. sie darüber zu informieren, dass es Institutionen gibt, die sie aufnehmen könnten, wenn die Gefahr in der Familie liegt oder die

---

[4] Vgl. Tümmler-Wanger, 2004, S. 23/Boehme 2004, S. 65.

[5] Vgl. Fastie, 1994, S. 157–163.

[6] Unter Disclosure wird hier der Prozess der Hilfesuche von Betroffenen sexuellen Missbrauchs verstanden.

[7] Vgl. Kindler, 2003, S. 29.

Familie sie verstößt. Für den Jungen gilt womöglich ebenfalls die Veränderungs-möglichkeit der Lebensumstände und u. U. die Unterstützung bei der Bewusst-seinsveränderung über die Definition der Männlichkeit und des Männerbildes. Von diesem Beispiel lassen sich die Aufträge für die Präventionsarbeit ableiten, „Mäd-chen und Jungen" zu stärken und „belastende Geheimnisse" einer Vertrauensper-son zu erzählen. Dafür braucht es PädagogInnen, die bereit sind, geschlechtsspe-zifische und sozial bedingte Gründe wahrzunehmen und auch Mädchen und Jungen mit Migrationshintergrund Angebote zu machen, die ihnen helfen das Schweigen zu brechen, sie auffangen und unterstützen.

Im Beispiel B haben BeraterInnen oft nicht viele Möglichkeiten, eine Veränderung herbeizuführen, wenn es um rechtliche Probleme geht wie das Aufenthaltsrecht. Es gibt jedoch die Möglichkeit, als Beratungsstellen mit den Ausländerbehörden über Einzelfälle zu verhandeln. Nach Aussage von Dorothea Zimmermann, einer Mitarbeiterin der Beratungsstelle Wildwasser Berlin, gelingt es den Mitarbeiterin-nen der Beratungsstelle oft, mit guter Begründung eine eigenständige Aufenthalts-genehmigung für betroffene Mädchen zu erzielen und die Möglichkeiten, die die restriktiven Rahmenbedingungen des Aufenthaltsrechtes trotzdem bieten, best-möglich auszuschöpfen. Außerdem können MitarbeiterInnen, die interkulturelle Kompetenz besitzen, mit Elementen aus dem Antirassismus-Ansatz und dem Empowerment-Ansatz gegen Ängste und Vorbehalte der Betroffenen arbeiten.

Für die Präventionsarbeit gibt es kaum Möglichkeiten, die rechtliche Situation der Kinder mit Migrationshintergrund zu ändern außer Öffentlichkeitsarbeit und Erre-gung der Aufmerksamkeit auf die aufenthaltsrechtliche Misere für Betroffene. Hierzu würde eine Untersuchung unterstützen, um herauszufinden, wie viele Be-troffene von sexueller Gewalt aufgrund der aufenthaltsrechtlichen Folgen schwei-gen.

Im Beispiel C wäre Beratungsarbeit auch mit den Bezugspersonen der Betroffenen wichtig, die die Verantwortung der TäterInnen in den Vordergrund stellt und auf Gesetze hinweist, die ausdrücklich sexuellen Missbrauch an Kindern verbieten. Auch das Wissen um den Aspekt, dass kein Kind sich alleine schützen kann oder dass es auch den Jugendlichen oft nicht möglich ist, den Täter und seine Strate-gien zu durchschauen und der Missbrauchssituation vorzubeugen, ist wichtig. In dem Beispiel müssen die Eltern oder die sorgeberechtigten Personen mehr auf ihre Verantwortung für den Schutz von betroffenen Mädchen und Jungen aufmerk-sam gemacht werden. Viele betroffene Jugendliche mit Migrationshintergrund wünschen sich eine starke Unterstützung von BeraterInnen, wenn für sie der Zeit-punkt kommt, dass die Eltern erfahren müssen, dass sie sexuell missbraucht worden sind.

Für die Präventionsarbeit wird in diesem Beispiel klar, dass erstens im Bereich der Aufklärungsarbeit der Unterschied zwischen freiwilliger und einvernehmlicher Sexualität und sexuellem Missbrauch nach wie vor eine wichtige Rolle einnehmen muss, sowohl in der Arbeit mit Kindern als auch in der Arbeit mit ihren Bezugspersonen[8].

Zweitens muss der Tabuisierung von Sexualität im Rahmen der sexuellen Entwicklung von Kindern und Jugendlichen entgegengearbeitet und vor allem gegen das Schuldgefühl von Mädchen und Jungen eine ernsthafte Präventionsarbeit geleistet werden. Wodurch Schuldgefühle entstehen und welche Folgen sie für die Kinder und Jugendlichen haben können, muss auch in der Elternarbeit behandelt werden. Das Thema elterlicher Verantwortung für den Schutz der Kinder vor sexuellem Missbrauch, das im Beispiel C klarer wird, ist für die Präventionsarbeit von großer Bedeutung. Es ist wichtig die Eltern mit ausreichend Wissen zu versorgen, so dass sie nachvollziehen können, dass diese Verantwortung nicht mit Botschaften wie z. B. „Du musst auf dich aufpassen", „Geh nie mit einem Fremden mit" oder „Du darfst dich von niemandem anfassen lassen" an die Kinder abgegeben werden kann. Die Verantwortung des Schutzes liegt ganz klar bei den erwachsenen Bezugspersonen und nicht bei den Kindern. Für betroffene Mädchen und Jungen bedeutet das Aufbürden dieser Verantwortung, dass sie das Gefühl haben, trotz der Warnung der Eltern versagt zu haben. Das bringt sie nicht nur zum Schweigen über die erlebte sexuelle Gewalt, sondern sie tragen oft größere Schuldgefühle in sich als betroffene Kinder, die diese Verantwortung nicht übertragen bekommen haben.

Die Themenkombination sexuelle Gewalt und Migration assoziiert im öffentlichen Bewusstsein sowie in vielen Fachkreisen eine Rigidität der islamischen Regeln. Es gibt leider auch genug „WissenschaftlerInnen" mit Migrationshintergrund und Frauenrechtlerinnen muslimischen Hintergrunds[9], die auf diese Erklärungsmuster zurückgreifen oder ihre eigene, leider auch oft leidvolle Biographie als Erklärung nehmen, sich des öffentlichen Bildes der rückständigen MigrantInnen bedienen und dieses Vorurteil ihrerseits untermauern. Für die Auflösung dieses sehr verbreiteten Vorurteils, der Islam sei generell für die Tabuisierung der Körperlichkeit verantwortlich, möchte ich im Folgenden versuchen, die Rolle des Islams und der gesellschaftlichen Rahmenbedingungen auseinanderzuhalten. Das Ziel dieses Abschnittes ist nicht, den Islam als Religion zu verteidigen, sondern den Blick für die sozialen Spielregeln zu schärfen.

---

[8] Vgl. hierzu auch den Artikel „Geschützter Rahmen, offene Haltung! Präventionsarbeit mit Eltern mit Migrationshintergrund" in diesem Buch, S. 77.

[9] Necla Kelek versucht in ihrem Buch „die fremde Braut" und in zahlreichen TV- und Presseinterviews die Misere der Stellung der Frau in frauenfeindlichen Kreisen der türkischen MigrantInnen mit dem Islam zu erklären, z. B. http://www.tagesschau.de/inland/meldung203016.html (Stand: 19.01.2005 21:20 Uhr)

Serap Cileli, Frauenrechtlerin und Autorin des Buches „Wir sind eure Töchter, nicht eure Ehre" greift ebenfalls generell MigrantInnen muslimischer Religion an, z. B. in ihrem Interview in Welt-Online: http://www.welt.de/hamburg/article2016340/Frauenrechtlerin_fordert_mehr_Mut_von_Deutschen.html (Stand: 20. Mai 2008, 17:42 Uhr)

Zur Sexualerziehung

Wie schon erwähnt ist nicht nur das Sprechen über sexuelle Gewalt in vielen Gesellschaften, aus denen die meisten MigrantInnen in Deutschland stammen, ein Tabu, sondern auch das Sprechen über Sexualität im nicht geschlechtergeschützten Rahmen wie auch die sexuelle Aufklärung der Kinder. Dies ist nicht per se im Islam begründet, sondern in den gesellschaftlichen Regeln, die das Zusammenleben der Menschen bestimmen und oft Überlebensregeln darstellen. Diese oder ähnliche Regeln werden mit unterschiedlich starker Ausprägung ebenfalls in NICHT islamischen Gesellschaften und Communities beobachtet wie z. B. in der hinduistischen Kultur.

Im Rahmen unserer Bildungsarbeit im Institut zur Prävention von sexuellem Missbrauch erfahren wir, dass noch vielen Eltern das Verständnis für die kindliche Sexualität[10] fehlt. Natürlich gibt es auch viele migrierte Eltern, die Erziehungsbücher lesen oder sich anderweitig über Kindererziehung und Sexualerziehung informieren. Es gibt aber auch eine nicht unerhebliche Anzahl von Eltern, die in unseren Elternabenden zum ersten Mal mit diesem Thema konfrontiert werden.

Auch in vielen Kindertageseinrichtungen fehlt das Verständnis für die Gewährleistung der Rahmenbedingungen für eine kindliche und natürliche sexuelle Entwicklung und eine angemessene Sexualpädagogik. Viele Eltern mit und ohne Migrationshintergrund, aber auch Fachkräfte machen große Augen in den Elternabenden, wenn sie zum ersten Mal hören, dass Kinder sexuelle Wesen sind und von Geburt an mit sexuellen Gefühlen ausgestattet sind. Es ist für viele Eltern (nicht nur mit Migrationshintergrund) neu zu erfahren, dass es auch eine kindliche Sexualität gibt und dass es wichtig ist, Kinder in ihrer sexuellen Entwicklung zu unterstützen, damit sie sich positiv entwickeln. Besonders viele Eltern mit Migrationshintergrund stellen nach dieser Information mehrere Erziehungsfragen, um ihre Erziehungsmethoden diesbezüglich zu überprüfen. Im Laufe des Elternabends kommen viele von ihnen zu dem Schluss, dass die Sexualerziehung und die Vermittlung von Informationen über den eigenen Körper und die Körperfunktionen für ihre Kinder wichtig sind und auch schützende Funktion gegen sexuellen Missbrauch haben können. Wenn es aber um die Umsetzung geht, können sich nur wenige vorstellen, mit ihren Kindern selbst darüber zu reden. Das Schamgefühl ist zu groß.

In den meisten konservativ geprägten Migrationskreisen findet i. d. R. in der Familie kein offenes Gespräch über Sexualität statt. Das heißt, dass Sexualerziehung von den Eltern nicht durchgeführt wird. Es werden Mädchen von der Mutter oder einer anderen weiblichen Bezugsperson lediglich Informationen über Menstruation und weibliche rituelle Waschung[11] gegeben, und Jungen werden bzgl. männlicher

---

[10] Mit kindlicher Sexualität meine ich sexuelle Erlebnisse der Kinder im Rahmen ihrer sexuellen Entwicklung, wie z. B. erregende Gefühle vom Babyalter bis in die höheren Jahre: eigene sexuelle Gefühle entdecken, eigene Geschlechtsteile entdecken, sich selbst stimulieren und befriedigen, sich für bestimmte Berührungen interessieren und sie mit gleichaltrigen Kindern ausprobieren.

[11] Musliminnen waschen sich nach der Beendigung der Menstruation, ebenfalls waschen sich muslimische Männer und Frauen nach dem Geschlechtsverkehr. Dies ist ein religiöses Reinigungsritual.

Geschlechtsreife und männlicher ritueller Waschung vom Vater oder von einer anderen männlichen Bezugsperson informiert. Eine Vorbereitung auf das Sexualleben oder Informationen zur Sexualität finden i. d. R. für keines der Geschlechter statt. Es herrscht oft ein tiefes Schamgefühl bei Eltern, wenn sie solche Gespräche mit ihren Kindern führen müssen. Auch Wertevermittlung findet kaum im Dialog statt. Eher werden die Werte durch Gebote und Verbote ausgedrückt. Menekse Cagliyan zeigt in ihrer interessanten Dissertation am Beispiel von türkischen Familien (sowohl in der Türkei als auch in der Migration), welche Gründe es für diese „Gesprächverweigerung über Sexualität" gibt[12]:

— elterliche Peinlichkeit und Schamgefühl, die mit Mangel an einer geeigneten Sprache über Sexualität verbunden sind

— Angst vor Respektverlust; es wird befürchtet, dass das Gespräch über Sexualität die Distanz und Grenze zwischen Eltern, besonders zwischen Vater und Kindern gefährdet und zur Respektlosigkeit der Kinder führen könnte.

— Angst vor sexueller Neugier und Aktivität der Kinder (besonders der Töchter). Es wird befürchtet, durch ein offenes Gespräch über Sexualität die sexuelle Neugier der Töchter zu wecken. Da den Jungen nicht explizit verboten wird, sexuelle Erfahrungen zu machen, wird ihre sexuelle Aktivität nicht als problematisch gesehen. Aber dennoch wird auch den Jungen kein aufklärendes Gespräch angeboten.

Aus der Praxiserfahrung der interkulturellen Elternarbeit können wir einen weiteren Grund für die Tabuisierung der Sexualitätsthemen für Kinder und Jugendliche nennen, der aus fürsorglicher Angst der Eltern entstammt:

— Eine Protesthaltung gegen die sich fortentwickelnde Sexualisierung der Medien-, Musik- und Unterhaltungswelt mit der Hoffnung, auf diese Weise gegen die Massensexualisierung ein Signal zu setzen und Kinder und Jugendliche vor „schädlichen Informationen" zu schützen.

Cagliyan geht der Frage nach, inwiefern die Sexualmoral, sexuelle Gebote und Verbote in den muslimisch-türkischen Familien in Deutschland auf den Islam zurückzuführen sind und inwiefern sie einer gesellschaftlich patriarchalen Sitte und Moral zuzuschreiben sind. Sie findet im Islam einige Verbote im sexuellen Bereich, die aber bei der Erziehung der Kinder entweder nicht oder nur einseitig berücksichtigt werden, u. a. das Verbot vorehelicher sexueller Kontakte, das im Koran Frauen und Männern gleichermaßen erteilt wird. Dies findet jedoch in vielen muslimischen Familien nur in der Erziehung und Sozialisation der Mädchen ein Echo. Mädchen wird oft ausdrücklich eine sexuelle Beziehung vor der Ehe verboten.

Cagliyans Ausführungen zeigen, dass für ihre 45 InterviewpartnerInnen der gesellschaftliche Druck viel größer und wichtiger ist als die islamischen Gebote. So verweisen viele von ihnen auf ein Lästern des Umfeldes und den Verlust des guten Rufes, wenn bekannt wird, dass ein Mädchen eine sexuelle Beziehung hat. Dieses Problem betrifft die Jungen, die vor der Ehe sexuelle Erfahrungen machen, weniger. Cagliyans Interviews deuten darauf hin, dass Jungen und junge Männer nicht

---

[12] Cagliyan, 2006, S. 55 ff.

unter gesellschaftlichem Druck stehen und keinen Gesichtsverlust durch eine voreheliche sexuelle Beziehung befürchten müssen.[13]

Die Toleranz gegenüber der Freizügigkeit von Jungen scheint ihre Wurzeln im traditionellen vorislamischen Patriarchat zu haben, da der Koran beiden Geschlechtern eine voreheliche sexuelle Beziehung untersagt. Das zeigt, dass viele, zumindest jedoch EINE frauenfeindliche Aussage, die oft dem Islam zugeschrieben wird, ihren Ursprung nicht im Islam haben. Auch das Schamgefühl und die Verweigerung der Eltern, ihre Kinder sexuell aufzuklären, passen nicht zu dem sonst in diesem Bereich so offenen Islam. Der Islam regelt viele Details des Lebens u. a. der Sexualität. Es gibt zahlreiche Hadiths[14], die das sexuelle Leben der Muslime von Vorspiel, Geschlechtsakt, Verhütung, Abtreibung bis hin zur Homosexualität[15] erklären und regeln. So kann der Ursprung der Tabuisierung des Themas Sexualität in vielen muslimischen Gesellschaften in vorislamischer Zeit und daraus resultierender Tradition vermutet werden, die immer noch hartnäckig funktioniert. Nichtsdestotrotz gibt es zahlreiche Beispiele für sexuelle Beziehungen vor der Ehe in den muslimischen Gesellschaften, die zeigen, dass die Sexualmoral auch bei MuslimInnen pluralistisch gehandhabt wird. Diese Erkenntnis kann den Fachleuten grundsätzlich helfen, nicht in jeder Situation den Islam für strenge und rigide Sexualfragen verantwortlich zu machen und vor allem nicht auf jeden religiösen Erklärungsversuch hereinzufallen.

Die eventuellen Ängste mancher Eltern bei sexuellen Aktivitäten ihrer Töchter in Deutschland können auch deshalb als besonders bedrohlich empfunden werden, weil sie als Folge eine Isolation und Ausgrenzung durch ihre Community befürchten. Das könnte in der Migrationsgesellschaft, in der sie ohnehin Isolation und Ausgrenzung erleben, als eine besonders harte Strafe erlebt werden. Das zeigt auch, dass die Ängste der Betroffenen und Beteiligten in der Hinsicht der Isolation und Ausgrenzung ernst genommen werden müssen. Eine geeignete interkulturelle Beratung muss die Strukturen und Dynamiken der betroffenen Familien kennen bzw. kennenlernen und adäquate Beratungskonzepte im Falle eines sexuellen Missbrauchs haben. Wenn es gelingt Lösungen zu finden, die sowohl die Interessen der Betroffenen als auch die Ängste der Familien berücksichtigen, ist dies für die Betroffenen meist die bestmögliche Lösung.

Voraussetzungen für die interkulturelle Präventionsarbeit

Nach diesen Ausführungen stellten sich die Fragen: Was erschwert die interkulturelle Präventionsarbeit? Wie kann sie gestaltet werden?

Die Voraussetzungen für die interkulturelle Präventionsarbeit bedürfen einer Verbesserung. Bis jetzt ist die interkulturelle Präventionsarbeit von hartnäckigem Schweigen begleitet, das sich auf verschiedenen Ebenen verbreitet hat. Wie ich

---

[13] Vgl. Cagliyan, 2006, S. 247–249.

[14] Sprüche und Zitate des Propheten Mohammad.

[15] Vgl. Cagliyan, 2006, S. 80–107.

weiter oben bereits beschrieben habe, geht es u. a. um das Schweigen zum Thema Sexualität und die dadurch fehlende reflektierte Sexualerziehung.

Wenn die Eltern zu große Berührungsängste mit dem Thema Sexualität haben, keine geeignete Sprache finden, mit ihren Kindern darüber zu sprechen oder womöglich selbst nicht genügend fundierte Informationen zum Thema Sexualität haben, um sie auch adäquat ihren Kindern weiter zu vermitteln, fehlt eine wichtige Säule der Präventionsarbeit. Wenn die Institutionen ebenfalls kein geeignetes Konzept für sexualpädagogische Erziehung haben, verschärft dies die Situation der Kinder traditioneller MigrantInnen und erschwert die Präventionsarbeit. Zum anderen geht es um das Schweigen zum Thema sexueller Missbrauch an Mädchen und Jungen und um eventuell vorhandene Ängste im Umgang mit Eltern mit Migrationshintergrund. Dieses Schweigen betrifft nicht nur Eltern oder private Bezugspersonen mit Migrationshintergrund. Es gibt eine Reihe von Institutionen, die das Thema bewusst vernachlässigen, weil sie Angst haben, kulturelle Tabus zu brechen. Im Rahmen unserer interkulturellen Elternabende stoßen wir oft auf Institutionen (wie z. B. Kindertageseinrichtungen, Schulen), die sich scheuen, Elternabende für Eltern mit Migrationshintergrund zum Thema sexueller Missbrauch oder Prävention zu organisieren mit der Begründung, sie könnten doch nicht die MigrantInnen zu diesem Thema ansprechen, weil das Thema Sexualität noch so ein großes Tabu in ihrer Kultur sei. Dies als Argument zu benutzen, um nicht nach Wegen suchen zu müssen, mit Eltern auch zu schwierigeren Themen ins Gespräch zu kommen, wird dem Auftrag der Einrichtungen, die Verantwortung für den Schutz für Mädchen und Jungen vor sexuellem Missbrauch anzunehmen, nicht gerecht. Dass der Austausch gelingen kann, zeigt das Projekt „Integration macht Schule" der AWO München. Hier wird u. a. die Prävention von sexuellem Missbrauch in der Elternarbeit zum Thema gemacht. Das Interesse der Eltern, die zu 90 % aus muslimischen Ländern stammen, ist sehr groß.

Aber auch eigene Elternangebote von AMYNA für MigrantInnen machen deutlich: Auch traditionelle Eltern zeigen oft ein starkes Interesse an Informationen über Kindererziehung und kindliche Sexualität, die Präventionsarbeit zu Genüge beinhaltet. Das zeigt, dass eine traditionelle Lebensweise der Eltern kein Desinteresse gegenüber Tabuthemen bedeuten muss. Der Rahmen dieser Arbeit muss nur besonders gestaltet sein.[16]

Zum Dritten geht es um fehlende fundierte Informationen und repräsentative Studien, die das Thema sexueller Missbrauch im kulturellen Kontext erforschen. Dies kommt ebenfalls einem Schweigen gleich, da es Institutionen und Forschungsstellen gibt, die die Möglichkeiten zu solch einer repräsentativen Studie hätten, aber diese nicht durchführen, z. T. aus Angst, ebenfalls kulturelle Tabus zu brechen, wie mir im Rahmen meiner Arbeit durch Wissenschaftlerinnen mehrfach bestätigt wurde. Wir brauchen in Deutschland dringend eine sachliche Auseinandersetzung mit dem Thema „sexuelle Gewalt in der Migration". Die bisherigen Informationen, die hauptsächlich auf Erfahrungen aus den Beratungsstellen für sexuelle Gewalt, auf Schilderungen von Mädchen und Frauen, die sexuelle Gewalt

---

[16] Mehr zu diesem Thema im Artikel „Geschützter Rahmen, offene Haltung!" in diesem Buch, S. 77.

erlebt haben, oder auf Berichterstattung der Medien basieren, sind ein erster Schritt, reichen aber für eine wissenschaftliche und unvoreingenommene Beurteilung der Problematik unter dem Aspekt Migration nicht aus. Eine wissenschaftliche Studie muss in der Lage sein, in ihrer Auseinandersetzung eine saubere Trennung der sozialen Probleme von kulturellen Erklärungsmustern durchzuführen. So eine Studie ist mir bisher in Deutschland nicht bekannt.

Präventionsarbeit gegen sexuelle Gewalt ist an sich ein Tabubruch. Auch in vielen westlich-christlichen Kulturen war das Sprechen über Sexualität und sexuelle Gewalt ein Tabu und ist es trotz vieler Fortschritte zum Teil immer noch. Das Tabu bezieht sich einerseits auf die Schambesetztheit des Themas und andererseits auf Strukturen, die in der Umsetzung der Prävention in Frage gestellt werden müssen. In der Regel finden Strukturveränderungen auf keiner familiären, institutionellen oder gesellschaftlichen Ebene freiwillig statt, sie sind auch nicht einfach. Je größer der Widerstand gegenüber der Veränderung ist, umso größer ist das Tabu. Diese Regel scheint kulturübergreifend zu funktionieren. Für manche MigrantInnen kommt zu den bestehenden Tabus noch der Widerstand, der durch ständige Selbstbehauptung und Rechtfertigung der eigenen Wertvorstellungen entsteht. Demgegenüber steht der Druck, Wertvorstellungen der Migrationsgesellschaft zu übernehmen. Das erzeugt oft einen weiteren Widerstand gegen die Auseinandersetzung mit dem Thema sexuelle Gewalt.

Wie ist es möglich, trotz dieser Tabus und Widerstände den Eltern die Prävention von sexuellem Missbrauch nahe zu bringen?

— Zum einen ist es hilfreich, das gemeinsame Interesse am Schutz der Kinder vor sexueller Gewalt in den Vordergrund zu rücken. Dabei kann es auch zu unterschiedlichen Wertvorstellungen kommen, die aber, wenn es um den Schutz der Kinder geht, nach meiner Erfahrung nie unversöhnlich auseinander gehen. Es finden sich immer gemeinsame Berührungspunkte, die Anlass dazu geben, im Interesse der Kinder zusammenzukommen.

— Zum Zweiten kann es diese Arbeit enorm erleichtern, wenn sie von Fachkräften mit Migrationshintergrund und genügender Sensibilität im interkulturellen Bereich durchgeführt wird.

— Zum Dritten müssten, um den Eltern mit Vorbehalten gegenüber z. B. sexualpädagogischen Themen entgegenzukommen, Materialien entwickelt werden, die diese Eltern auch annehmen können, z. B. sexualpädagogische Bücher mit dezenten Bildern.

Wenn die Präventionsarbeit auf der Ebene der Eltern stimmt, kann sie auf der Ebene der Kinder leichter gelingen. Es bedarf hier ebenfalls einer Offenheit der fachlichen Bezugsperson den Kindern mit Migrationshintergrund gegenüber. In der Präventionsarbeit geht es in erster Linie um die Stärkung des Selbstwertgefühls der Mädchen und Jungen. Diese Stärkung geht für Kinder mit Migrationshintergrund oft mit der Anerkennung ihrer Herkunft einher. Ihre Bikulturalität und Andersartigkeit muss als Stärke angesehen werden und ihnen auch so vermittelt werden. Ihre Zweisprachigkeit und Vertrautheit mit mindestens zwei Kulturen muss aufgewertet werden. Das Wissen um die „kulturellen Zwischenzeilen" kann die Präventionsarbeit leichter machen. Es kann verhindern, dass den Kindern Doppelbotschaften vermittelt werden. Die überkommenen Botschaften wie z. B. „Geh nicht mit einem Fremden mit" oder „Steig nicht in das Auto eines Fremden", um den vermeintlichen Schutz vor sexuellem Missbrauch zu sichern, sind nicht nur deswegen irreführende Botschaften, weil die meisten Missbrauchsfälle im sozialen Nahraum passieren, sondern sie verzerren auch die Wahrnehmung von Kindern mit Migrationshintergrund. Da sie oft erleben, dass sie zu den fremd empfundenen Gruppen gehören, kann ihr Bild von Fremdheit auch verzerrt sein.

Fazit

Aus den vorangegangenen Ausführungen zur Problembeschreibung erschließen sich m. E. folgende Lösungsmöglichkeiten:

— Eltern und Bezugspersonen von Kindern mit Migrationshintergrund brauchen Ermutigung und Unterstützung in der Auseinandersetzung mit dem Thema sexueller Missbrauch. Manche von ihnen brauchen sogar tiefgreifende und konzeptionell durchdachte Informationen zum Thema Entwicklungspsychologie und Kindererziehung, um die Einsicht zu gewinnen, dass Kinder für ihre Unversehrtheit und ihre ungestörte Entwicklung einen geeigneten Rahmen und die Unterstützung ihrer Bezugspersonen brauchen.

— Institutionen wie Kindertageseinrichtungen und Schulen brauchen Mut zur Prävention und zum „sanften Tabubruch", der respektvoll mit den kulturellen, religiösen und individuellen Motiven umgeht, aber doch in der Lage ist, das Verständnis für die Anforderungen an einen effektiven Schutz von Kindern vor sexueller Gewalt zu fördern. Eine Verweigerung, sich der Herausforderung der interkulturellen Arbeit zu stellen, ist für Präventionsarbeit nicht hilfreich und für interkulturelles Zusammensein nicht mehr zeitgemäß. Hilfreich ist für eine Einrichtung, sich für diese Herausforderung Unterstützung zu holen, indem sie geeignetes Personal, z. B. reflektierte Fachkräfte mit Migrationshintergrund, engagiert, ein geeignetes Konzept entwickelt, eine kontinuierliche Präventionsarbeit mit Kindern betreibt und den Kontakt zu den Eltern mit Migrationshintergrund nicht aus den Augen verliert.

— Wie schon erwähnt braucht Prävention eine wissenschaftliche Unterstützung. Hier bedarf es einer sachlichen und wissenschaftlichen Bearbeitung des Themas sexuelle Gewalt in der Migration mit einer sauberen Trennung der sozialen Probleme von kulturellen Erklärungsmustern. Es ist eine wichtige Voraussetzung für Prävention, nicht mit spekulativen Thesen, die auf Problemfällen basieren, zu arbeiten, sondern neue Aspekte in der Präventionsarbeit zu gewinnen und neue Zugänge zu den Zielgruppen mit Migrationshintergrund zu schaffen.

Nur durch eine systematische und gut konzipierte Arbeit auf den genannten drei Ebenen kann eine gelungene interkulturelle Präventionsarbeit gegen sexuellen Missbrauch stattfinden und das Bewusstsein der Eltern mit Migrationshintergrund zugunsten der Prävention wesentlich beeinflusst werden.

Literatur

AMYNA e. V. (Hrsg.) Kindler Dr. Heinz (2003). Evaluation der Wirksamkeit präventiver Arbeit gegen sexuellen Missbrauch an Mädchen und Jungen. Expertise. München: AMYNA.

Boehme Ulfert (2004). „Eigentlich geht's mir schon wieder gut" – Gestaltung eines Hilfsangebots für Jungen. In: kibs – Kinderschutz und Mutterschutz e. V. (Hrsg.) „Offensichtlich unsichtbar". Jungen als Opfer sexueller Gewalt. Dokumentation zur Fachtagung am 27.10.2004 in München.

Cagliyan Menekse (2006). Sexuelle Normenvorstellungen und Erziehungspraxis von türkischen Eltern der ersten und zweiten Generation in der Türkei und in Deutschland. Berlin: LIT Verlag.

Fastie Frisa (1994). Zeuginnen der Anklage. Die Situation sexuell missbrauchter Mädchen vor Gericht. Berlin.

Kossatz Yücel (2003). Traumaverarbeitung und kultureller Hintergrund. http://www.zartbitter.de/content/e158/e66/e76/index_ger.html 26.01.2009

Tümmler-Wanger Ulrike (2004). Fünf Jahre Beratungsstelle kibs. In: kibs – Kinderschutz und Mutterschutz e. V. (Hrsg.) „Offensichtlich unsichtbar". Jungen als Opfer sexueller Gewalt. Dokumentation zur Fachtagung am 27.10.2004 in München.

Christine Rudolf-Jilg

Sexualisierte Gewalt in der Kinder- und Jugendarbeit

Warum Prävention in diesem Bereich wichtig ist

Viele haben davon gehört, in der Fachliteratur hingegen sucht man meist vergeblich nach Belegen für sexuellen Missbrauch durch hauptberufliche bzw. ehrenamtliche MitarbeiterInnen der Kinder- und Jugendarbeit. Sexualisierte Gewalt durch pädagogische Fachkräfte bzw. Ehrenamtliche – ein modernes Märchen wie die Spinne in der Yucca-Palme? Oder immer noch eines der bestgehüteten Geheimnisse der Forschung zu sexualisierter Gewalt?

In aktuellen relevanten Nachschlagewerken näheres zu TäterInnen sexualisierter Gewalt gegenüber Mädchen und Jungen zu finden, ist nicht schwer: TäterInnen in der Familie, jugendliche TäterInnen, Übergriffe unter Kindern, weibliche TäterInnen ... sind nur einige wenige Stichworte, unter denen gesucht werden kann, um mehr zu TäterInnen und Umständen zur Tat zu erfahren. Deutlich wird auch herausgestellt, dass allenfalls etwa ein Fünftel aller Taten durch FremdtäterInnen und etwa 10-30% aller Taten im familialen Umfeld geschehen.[1] Daraus ergibt sich, dass ca. 50% aller Taten durch TäterInnen im außerfamilialen Umfeld begangen werden. Doch wer sind diese TäterInnen? In welchem Kontext wird der Kontakt geknüpft und ist hier die Relevanz für die Kinder- und Jugendarbeit zu finden?

Statistisch aufgefächert wird dieser Bereich bedauerlicherweise nach wie vor nicht. Zwar wird der Bereich des „familialen Missbrauchs" weiter ausdifferenziert (so unterscheidet Bange bereits 1992 z. B. bei männlichen Tätern nach Vätern, Stief- und Pflegevätern, Großvätern, Onkeln, Brüdern und Cousins). Nur in Klammern ist jedoch im Bereich des „außerfamilialen Missbrauchs durch Bekannte" im Sinne einer unsystematischen Aufzählung von Nachbarn, Freunden der Familie, Lehrern, Erziehern, Jugendgruppenleitern, Babysittern, Trainern, Musiklehrern, Theologen usw.[2] die Rede. Deutlich wird durch diese Aufzählung jedoch, dass gerade der pädagogische Bereich für TäterInnen scheinbar überproportional geeignet erscheint, um Sexualstraftaten gegenüber Kindern und Jugendlichen zu begehen. Warum ist das so? Hier ist ein Blick auf das strategische Vorgehen von TäterInnen hilfreich.

Gewalt ist nur selten das Mittel der Wahl bei sexuellen Übergriffen im außerfamilialen Bereich. So zeigt die Analyse von Täterstrategien, dass die TäterInnen meist einen hohen Wert auf und viel Zeit in den Aufbau einer tragfähigen positiven Beziehung zum potenziellen Opfer legen – und dies lange, bevor es zu ersten sexuellen Übergriffen kommt.[3] Dieser Prozess des Beziehungsaufbaus und des ersten

---

[1] Vgl. Bange, 2002, S. 679.

[2] Vgl. Bange, 2002 und 2007.

[3] Vgl. Heiliger, 2002.

Austestens, ob das Opfer „geeignet" erscheint, wird in der Fachsprache „Grooming-Prozess"[4] genannt. Während des Groomings arbeitet der Täter[5] aber nicht nur an einer positiven Beziehung zu den von ihm ausgewählten Kindern bzw. Jugendlichen, auch das Umfeld wird in diese Tatvorbereitung miteinbezogen, indem auch hier positive Kontakte (und damit natürlich auch „Beißhemmungen" bei einem entstehenden Verdacht) entwickelt und aufgebaut werden. Ausgewählt werden oft Kinder, bei denen die TäterInnen die bestehenden Schutzmöglichkeiten des Kindes bzw. des Umfelds gering einschätzen; d. h. Kinder mit Behinderung, emotional vernachlässigte Kinder, Kinder, die bereits (selbst) Gewalt erlebt haben, aber auch Kinder mit Migrationshintergrund sind u. a. nach aktuellen Forschungsergebnissen[6] besonders gefährdet.

Ziel der TäterInnen ist es, bei ersten sexuellen Übergriffen bei den betroffenen Kindern und Jugendlichen etwas (scheinbar) einmalig Positives als Gegengewicht zu den unangenehmen Übergriffen in die Waagschale werfen zu können und im erwachsenen Umfeld einen guten Leumund zu haben[7]. Erst wenn dieses Ziel erreicht ist, werden die Übergriffe eindeutiger und massiver. Laufend wird der Täter bzw. die Täterin jedoch weiter daran arbeiten, dass weder das Opfer von der Tat berichtet, noch die Umwelt Verdacht schöpft.

TäterInnen finden sich immer wieder im pädagogischen Bereich und damit auch in der Kinder- und Jugendarbeit – hauptberuflich oder aber ehrenamtlich. Dies wird u. a. begünstigt dadurch, dass das Misstrauen der Eltern und damit auch ihr Schutzverhalten gegenüber (hauptberuflichen, aber auch ehrenamtlichen) PädagogInnen relativ gering ist im Vergleich zu anderen Menschen, die den Kontakt zum Kind begründen müssen. Die Legitimation des Kontakts zum Kind liegt im Rahmen der Kinder- und Jugendarbeit bereits in der Sache selbst, der Kinder- bzw. Jugendgruppe, dem Sport- bzw. Kirchenangebot, der Freizeit, dem offenen Angebot im Jugendzentrum usw. Zudem besteht im pädagogischen Bereich die eindeutige Aufgabe, an einer tragfähigen Beziehung zu (einzelnen) Kindern bzw. Jugendlichen zu arbeiten; dies ist sogar Voraussetzung für jede gute Pädagogik. Darüber hinaus ergeben sich zahlreiche Gelegenheiten neue Kontakte zu Kindern und Jugendlichen anzubahnen, aber auch zahlreiche Gelegenheiten für sexuelle Übergriffe, die unentdeckt bleiben können (Übernachtungsaktionen, Umkleidesituationen, Badbesuche, Einzelgespräche, Unternehmungen mit einzelnen Kindern ...).

Gehen wir nun davon aus, dass gerade der pädagogische Arbeitsbereich eine „Spielwiese" für TäterInnen darstellt, müssen wir im Umkehrschluss gerade in diesem Bereich auch alles Menschenmögliche tun, um Kinder und Jugendliche dort vor sexuellen Übergriffen zu schützen. Sie selbst sind aufgrund des meist existierenden Macht- und Autoritätsgefälles zwischen Opfer und TäterIn meist nicht in der Lage sich selbst zu schützen. Prävention muss also bei den Erwachse-

---

[4] Vgl. Bullens, 1995.

[5] Zu Grooming von Täterinnen gibt es keine fundierten Informationen. Es gibt allerdings auch keine Hinweise darauf, dass Frauen anders vorgehen als Männer, wenn sie einen sexuellen Missbrauch planen.

[6] Vgl. Kindler, 2003.

[7] Vgl. Enders, 2002.

nen in der Kinder- und Jugendarbeit ansetzen. Nun geht es sicherlich nicht darum, jeden Kollegen bzw. jede Kollegin als potenziellen Täter bzw. als potenzielle Täterin zu sehen und ein allgemeines Misstrauen oder eine „Missbrauchshysterie" zu entwickeln. Gleichwohl ist eine Sensibilisierung der Verantwortlichen in der Kinder- und Jugendarbeit, aber auch der Eltern für all die Gelegenheiten, die sich im pädagogischen Arbeitsfeld für TäterInnen ergeben, erforderlich und zum Schutz von Kindern und Jugendlichen sinnvoll. Erleichternd wirkt hierbei die klare Haltung der Verantwortlichen in der Kinder- und Jugendarbeit, die deutlich macht, dass Kindern und Jugendlichen Glauben geschenkt wird, wenn sie von sexuellen Übergriffen berichten und dies dann für die TäterInnen deutliche Konsequenzen zur Folge hat.

TäterInnen in Sport und Kirche

Verantwortliche in den beiden bedeutendsten Bereichen der Kinder- und Jugendarbeit in Bayern, nämlich im Sport und in der Kirche, müssen sich seit vielen Jahren auch öffentlich der Tatsache stellen, dass in den eigenen Reihen TäterInnen zu finden sind. Nicht überraschend, wenn oben beschriebene Täterstrategien zugrunde gelegt werden, doch lange Zeit tabuisiert, weil Imageverluste befürchtet wurden.

Zunehmend jedoch wird in beiden Bereichen an Präventionskonzepten, aber auch an einer klaren Haltung gegenüber TäterInnen in den eigenen Reihen und an Sanktionsmöglichkeiten bei sexuellen Übergriffen gearbeitet. Wenn die Ergebnisse auch nicht immer überzeugen, bleibt doch anzumerken, dass beide Bereiche zu sehr in der öffentlichen Wahrnehmung stehen, als dass durch eine inhaltliche Arbeit zum Thema ein weiterer Imageverlust zu befürchten wäre. Dieser Imageverlust ist eher dann anzunehmen, wenn die Öffentlichkeit eine klare Haltung, ein klares Präventions- und Sanktionskonzept vermisst. Das Misstrauen von Eltern ist durch eine höhere Sensibilisierung in Bezug auf mögliche sexuelle Übergriffe in diesen beiden Bereichen bereits vorhanden und kann nur durch konkrete Präventionsmaßnahmen und Interventions- und Sanktionsstrategien eingedämmt werden. Vertuschung bzw. Verharmlosung, das macht der Blick auf diese Bereiche der Kinder- und Jugendarbeit in Bayern beispielhaft deutlich, sind keine geeigneten Strategien mit dem Problem sexueller Übergriffe umzugehen.

Betroffene in der Kinder- und Jugendarbeit

Doch nicht nur die Tatsache, dass die Kinder- und Jugendarbeit für TäterInnen Gelegenheiten zu sexuellen Übergriffen bietet, erfordert unsere Aufmerksamkeit.

Forschungsergebnissen zu Folge erleben etwa 5-10% aller Jungen und 15-20% aller Mädchen einen sexuellen Übergriff im Laufe der Kindheit bzw. im Jugendalter[8]. Das bedeutet, dass im Mittel jeder 15. Junge und jedes 5. bis 7. Mädchen von irgendeiner Form sexueller Gewalt im Laufe des Heranwachsens betroffen ist. Auf die Relevanz für die Kinder- und Jugendarbeit übertragen bedeutet dies, dass

---

[8] Vgl. Bange, 2007.

in allen angebotenen Bereichen davon auszugehen ist, dass natürlich auch Betroffene diese wahrnehmen.

Seit langem ist zudem bekannt, dass sexuell übergriffiges Verhalten nicht einer bestimmten Altersgruppe zugeordnet werden kann. Für die Kinder- und Jugendarbeit besonders relevant ist die Tatsache, dass viele TäterInnen bereits im Kindes- bzw. Jugendalter mit sexuellen Übergriffen beginnen[9]. Die Aufmerksamkeit bzgl. sexueller Übergriffe darf sich also nicht nur auf ehrenamtlich oder hauptberuflich Tätige in der Kinder- und Jugendarbeit richten; vielmehr wird von vielen pädagogisch Verantwortlichen, die in dieser Hinsicht sensibilisiert sind, zu Recht ein praxistaugliches Konzept für den Umgang mit sexuellen Übergriffen unter Kindern bzw. durch Jugendliche gefordert.

Prävention geht alle an

Deutlich wird aus dem Vorgenannten, dass die Kinder- und Jugendarbeit gut daran tut, auch ohne konkret vorliegende statistische Zahlen sich des Problems professionell und dauerhaft anzunehmen. Die Verantwortung für den Schutz von Kindern und Jugendlichen liegt bei den zuständigen Erwachsenen – auch und gerade im Feld der Kinder- und Jugendarbeit. Prävention, Intervention und die Sanktionierung von TäterInnen sind Aufgaben, denen sich die Kinder- und Jugendarbeit (neben vielen anderen Aufgaben auch) stellen muss. Damit hauptberufliche und ehrenamtliche MitarbeiterInnen mit dieser Aufgabe nicht überfordert sind, sind strukturelle Präventions- und Interventionsmaßnahmen in Arbeitskonzepte zu integrieren und in ihnen zu verankern.[10] Erst wenn (ehrenamtliche oder hauptberufliche) MitarbeiterInnen mit voller Rückendeckung des jeweiligen Trägers im Verdachtsfall professionell handeln und Präventionsmaßnahmen und Schutzkonzepte für den jeweiligen Arbeitsbereich entwickeln können und dies nicht individuellen und persönlich unterschiedlichen Einschätzungen überlassen bleibt, ist der Schutz von Kindern und Jugendlichen, aber auch der fälschliche Verdacht gegenüber MitarbeiterInnen, bei dem dann doch „etwas kleben bleibt", qualitativ und dauerhaft gewährleistet.

PräTect – ein Modell, das Schule macht

Der Bayerische Jugendring hat aus oben genannten Gründen im Jahr 2000 eine Arbeitsgruppe damit beauftragt, das bundesweit beispielhafte Konzept „PräTect" zu entwickeln, das mittlerweile viele strukturelle Präventions-, aber auch Interventionselemente beinhaltet. AMYNA unterstützt diesen Prozess fachlich von Anfang an. Spezifisch an die jeweiligen Bedingungen des Arbeitsfeldes angepasste

---

[9] Bange spricht bereits 1992 von ca. 1/3 der Täter, die selbst noch Kind bzw. Jugendliche waren, als sie erste sexuelle Übergriffe begehen.

[10] Beispielhaft sind hier der Verhaltenskodex für alle MitarbeiterInnen, ein definiertes Vorgehen für unterschiedlich gelagerte Verdachtsfälle, ein entwickeltes Hilfe- und Unterstützungssystem, ein gezieltes Auswahlverfahren für neue MitarbeiterInnen, differenzierte Fortbildungen und Schulungen zum Thema usw. zu nennen (vgl. Artikel „Verhaltenskodex & Co" in diesem Buch, S. 15).

Präventions- und Interventionsmaßnahmen sind die beste Strategie, um TäterInnen ein deutliches „NEIN, bei uns nicht!" entgegenzusetzen.

Als modellhaft ist auch das (weiterführende) bundesweite Projekt „PräTect – Keine Täter in den eigenen Reihen" anzusehen, das eine Qualifizierungsreihe für Leitungskräfte in der Kinder- und Jugendarbeit anbietet und das Ziel hat, Verantwortliche in Jugendverbänden dazu zu befähigen, sexueller Gewalt in der Kinder- und Jugendarbeit bestmöglich zu verhindern.

Seit Jahren schon arbeiten auch die Evangelische Jugend in Bayern, verschiedene Pfadfinderverbände (u. a. der BdP bundesweit) oder etwa die Johanniter-Jugend beispielhaft und engagiert zu diesem Thema.

Die Kinder- und Jugendarbeit ist bundesweit auf dem richtigen Weg. Noch gibt es den einen oder anderen Jugendverband, der sich der Verantwortung in diesem Arbeitsfeld nicht stellt, doch die Mehrheit ist sensibilisiert und handelt. Es bleibt zu hoffen, dass der Einsatz zum Schutz von Kindern und Jugendlichen dauerhaft verankert wird und damit langfristig wirken kann. Best Practice-Beispiele liegen umfangreich vor.

Literatur

AMYNA e.V. (Hrsg.) Kindler Dr. Heinz (2003). Evaluation der Wirksamkeit präventiver Arbeit gegen sexuellen Missbrauch an Mädchen und Jungen. Expertise. München: AMYNA.

Bange Dirk (1992). Die dunkle Seite der Kindheit. Sexueller Missbrauch an Mädchen und Jungen. Ausmaß – Hintergründe – Folgen. Köln: Volksblatt-Verlag.

Bange Dirk (2007). Sexueller Missbrauch an Jungen. Die Mauer des Schweigens. Göttingen: Hogrefe-Verlag.

Bange Dirk und Körner, Wilhelm (Hrsg.) (2002). Handwörterbuch. Sexueller Missbrauch. Göttingen: Hogrefe-Verlag.

Bayerischer Jugendring (2001). Prävention vor sexueller Gewalt in der Kinder- und Jugendarbeit. Basisinformationen zum Thema „Sexuelle Gewalt". Baustein 1. München. BJR. (Zu beziehen über: BJR, Herzog-Heinrich-Str. 7, 80336 München)

Bullens Ruud (1995). Der Grooming-Prozeß – oder das Planen des Mißbrauchs. In: Marquardt-Mau (Hrsg.) Schulische Prävention gegen sexuelle Kindesmißhandlung. Weinheim und München: Juventa.

Enders Ursula (2002). Institutionen und sexueller Missbrauch: Täterstrategien und Reaktionsweisen. In: Bange/Körner (Hrsg.) Handwörterbuch sexueller Missbrauch. Göttingen: Hogrefe Verlag.

Härtl Sibylle und Unterstaller Adelheid (Hrsg.) (2003). Raus aus der Nische. Prävention von sexuellem Missbrauch als fester Bestandteil pädagogischen Handelns. München: AMYNA.

Heiliger Anita (2002). Täterstrategien und Prävention. In: Bange/Körner (Hrsg.) Handwörterbuch sexueller Missbrauch. Göttingen: Hogrefe Verlag.

Hofmann Urs (2004). Das soziale Klima als Ansatzpunkt. Prävention sexueller Ausbeutung in Freizeitorganisationen. In: Limita (Hrsg.) Stark sein alleine genügt nicht. Prävention sexueller Ausbeutung von Mädchen und Jungen. Basel: Lenos Verlag.

Karremann Manfred (2007). Es geschah am helllichten Tag. Die verborgene Welt der Pädophilen und wie wir unsere Kinder vor Missbrauch schützen. Köln: Dumont.

Kohler Iris Christa (2004). Der sexuelle Übergriff beginnt im Kopf. Prävention sexueller Ausbeutung im Sport. In: Limita (Hrsg.) Stark sein alleine genügt nicht. Prävention sexueller Ausbeutung von Mädchen und Jungen. Basel: Lenos Verlag.

Christine Rudolf-Jilg

Interessen vertreten – Verantwortung übernehmen

Sexuelle Gewalt in der Kinder- und Jugendarbeit

Martin (20), ein Gruppenleiter, hat ein Mädchen (14) in seiner Gruppe, das viele Probleme hat. Er spricht oft alleine mit ihr und hat sie auch schon umarmt. Das letzte Mal haben sie sich geküsst.

Monika (8) ist sehr distanzlos. Bei einer Freizeit sucht sie häufig engen Körperkontakt mit Thorsten (17), der als Betreuer mitgefahren ist. Anfangs ist diesem das „Kuscheln" unangenehm. Später findet auch er Gefallen daran und sucht diese Situationen selbst. Er achtet dann darauf, dass die anderen nichts merken.

Alex (13), Teilnehmer einer Freizeit, fotografiert während dieser Freizeit einige Mädchen nackt in der Dusche und zeigt die Bilder anderen Jungen.

Danielle (21), Gruppenleiterin, chattet regelmäßig in ICQ mit Marko (15), einem Mitglied ihrer Gruppe. Bei den Gesprächen erzählen sie sich gegenseitig sehr offen ihre sexuellen Erlebnisse und Vorstellungen.

Peter (27) ist im Jugendverband sehr aktiv und gerade bei den 13-15jährigen Jungen beliebt, da sie ihn auch zuhause besuchen können und dort (verbotene) Pornovideos schauen und Bier trinken dürfen.

Barbara (11) berichtet Übungsleiter Bastian (24) davon, dass sie der Sportlehrer in der Schule in der Umkleide belästigt hat.

Viele der oben genannten Beispiele geschehen so oder ähnlich tagtäglich in der Kinder- und Jugendarbeit. Bis auf das letzte Beispiel werden hier Situationen beschrieben, in denen es zu sexuellen Grenzverletzungen innerhalb der Kinder- und Jugendarbeit kommt. Bei Peter kann sogar ein strategisch planvolles Vorgehen und ein pädokrimineller Hintergrund vermutet werden.

GruppenleiterInnen bzw. BetreuerInnen von Freizeiten überschreiten selbst Grenzen oder sind mit z. T. massiven Grenzverletzungen von Kindern und Jugendlichen im Rahmen ihrer ehrenamtlichen Arbeit in den unterschiedlichsten Facetten konfrontiert. Manchmal wird die vertrauensvolle Beziehung, die besteht, von Kindern und Jugendlichen aber auch genutzt, um von erfahrenen (sexuellen) Grenzverletzungen außerhalb der Kinder- und Jugendarbeit zu berichten und Hilfe bzw. Unterstützung zu erbitten.

Eine der Besonderheiten der Kinder- und Jugendarbeit ist die Partizipation und die Selbstverwirklichung junger Menschen. Durch die daraus resultierenden häufig sehr nahen und Altersgrenzen überschreitenden Kontakte, aber auch die unterschiedlichen Funktionen, die junge Menschen innerhalb der Kinder- und Jugendarbeit haben, können Risikofaktoren für sexuelle Übergriffe und Grenzverletzungen entstehen.

Das gemeinsame inhaltliche Interesse (Sport, Naturschutz, Glaube usw.) und damit häufig verbunden das Bestehen „eingeschworener" Gemeinschaften führen immer wieder dazu, dass innerhalb dieser Community auch Partnerschaften entstehen, bei denen dann z. B. einE PartnerIn Gruppenleitung, der/die andere Gruppenmitglied ist, d. h. Beziehungen über mehrere Hierarchieebenen hinweg entstehen.

Die „eigene" Verbands-Kultur findet häufig ihren Ausdruck auch in „eigenen" Gepflogenheiten, die nach außen verteidigt werden (im Sport z. B. das gemeinsame Duschen von BetreuerInnen und Kindern und Jugendlichen, in anderen Jugendverbänden das gemeinsame Übernachten in Bettenlagern) und die sexualisierte Grenzverletzungen erleichtern.

Viele Jugendorganisationen bieten zudem für unterschiedliche Altersgruppen gemeinsame Angebote an; die Übergänge zwischen den einzelnen Altersgruppen sind dann meist niedrigschwellig und fließend und sollen dies auch sein. Jugendliche bzw. junge Erwachsene werden ermutigt, zunehmend Verantwortung für jüngere Mitglieder zu übernehmen und wechseln mehrfach die Rolle innerhalb des Verbands – vom Gruppenmitglied zur Gruppenleitung.

Der größte Teil dieser Arbeit wird freiwillig und unbezahlt geleistet und ist kaum mit verbindlichen Pflichten oder Vorschriften verbunden. All dies ist im Sinne von partizipativer Kinder- und Jugendarbeit sinnvoll und richtig und bietet doch in Bezug auf sexuelle Übergriffe und Grenzverletzungen ein besonderes Risikopotenzial[1]. Auch pädokriminelle TäterInnen nutzen diese Gelegenheiten, um den engen Kontakt zu Kindern und Jugendlichen zu suchen.

Valide Zahlen über den Umfang von sexualisierter Gewalt in der Kinder- und Jugendarbeit liegen indes aktuell leider kaum vor. Die Untersuchung von Niedernberger mit 980 Frauen aus der Schweiz lässt auf einen Täteranteil aus dem Freizeitbereich von 2 bis 3 Prozent schließen.[2]

Aus Beratungsstellen werden Schätzungen geliefert, die allerdings keinen repräsentativen Ausschnitt abbilden, dennoch das Problem verdeutlichen. So schätzt Thomas Lanz, der Leiter der Züricher Opferberatungsstelle für gewaltbetroffene Jungen und Männer, dass mindestens ein Drittel seiner (nur männlichen) Klienten mit sexuellen Gewalterfahrungen diese im Freizeitbereich erleidet.

Mira, eine Opferberatungsstelle in der Schweiz, geht davon aus, dass 5 bis 10 Prozent aller Beratungsfälle von sexueller Ausbeutung im Freizeitbereich stattfanden[3]. Besonderheiten stellt Mira dahingehend fest, dass diese Fälle nahezu gleich viele Mädchen wie Jungen betrafen (34 zu 32). Zudem waren die Mädchen im Schnitt mehrheitlich älter als 12 Jahre, während die Jungen im Vergleich mehrheitlich jünger waren. In der Mehrzahl der Fälle war der Beschuldigte männlich. Gut ein Drittel der Täter war unter 25 Jahren alt.

---

[1] Vgl. Hofmann, 2004, S. 233.

[2] Ebd. S. 234.

[3] Hofmann, 2004, S. 234.

Kinder- und Jugendarbeit bietet in ihrer Vielfalt und Unterschiedlichkeit unzählige Angebote und Möglichkeiten für Kinder und Jugendliche. Egal ob Gruppenstunde, Sportangebot, Freizeit, Ferienfahrt, Jugendbildungsmaßnahme oder auch die Schulung für neue JugendgruppenleiterInnen, alle Angebote orientieren sich an den Lebenslagen junger Menschen, greifen deren Interessen auf und unterstützen sie bei der Einübung demokratischer Prinzipien. Sie sind in dieser Vielfalt und Pluralität nur möglich durch das hohe ehrenamtliche und soziale Engagement junger und älterer Menschen.

Gleichwohl muss sich die Kinder- und Jugendarbeit der Tatsache stellen, dass sich unter den Mitgliedern, TeilnehmerInnen und pädagogisch Verantwortlichen in Jugendverbänden, Jugendtreffs, Jugendinitiativen u. ä. Betroffene sexueller Gewalt, aber auch TäterInnen befinden. Die Verantwortung liegt daher darin, ein Klima zu schaffen und Verhaltensregeln und Normen zu entwickeln und einzuführen, die Betroffene auffangen und die es Menschen erschweren, soziales Engagement als Deckmantel für sexuelle Ausbeutung und Grenzverletzung zu nutzen.

Auch Prävention in der Kinder- und Jugendarbeit richtet sich sinnvollerweise zuerst und vor allem an die Erwachsenen und Verantwortlichen in diesem Bereich. Kein Kind kann sich alleine schützen! Kinder- und Jugendarbeit muss, im Rahmen ihres Verantwortungsbereichs, Kinder und Jugendliche vor sexueller Gewalt und sexuellen Grenzverletzungen bestmöglich schützen, betroffenen Kindern und Jugendlichen, die Hilfe benötigen, diese vermitteln können und generell darauf achten, dass (im Sinne einer präventiven dauerhaften Erziehungshaltung) die Stärkung von Kindern und Jugendlichen und die gezielte Information über ihre Rechte beachtet wird.

Möglichkeiten der Prävention in der Kinder- und Jugendarbeit

Hauptverantwortlich für die Umsetzung von Präventionsmaßnahmen in der Kinder- und Jugendarbeit sind in erster Linie die Erwachsenen, die Leitungsfunktionen innehaben.

Sinnvoll ist es, den aktuellen Erfahrungen von AMYNA, Institut zur Prävention von sexuellem Missbrauch nach, wenn verbands- bzw. jugendringsintern möglichst passgenaue strukturelle Präventionsmaßnahmen erarbeitet und installiert werden, die dann (personenunabhängig) die Sicherheit innerhalb der Organisation langfristig erhöhen. In der Folge ist meist eine positive Veränderung des Klimas in der Organisation die spürbare Konsequenz. Durch die Integration spezieller Präventionsmaßnahmen und die begleitenden Diskussionen im Verband bzw. Jugendring verändern sich auch Haltungen, Werte und Normen innerhalb der Organisation. Begleitet werden sollte solch ein Entwicklungsprozess durch Fachstellen, die ein umfangreiches Wissen über Täterstrategien sowie zu Missbrauch in Institutionen mitbringen, aber in der Zusammenarbeit auch bereit sind, sehr genau auf die Regularien, Strukturen und Bedarfe der Organisation einzugehen. Nur wenn passgenaue (möglichst an den Realitäten der Organisation ansetzende) Präventionsmaßnahmen entwickelt werden, können diese dann auch umgesetzt und in die reguläre Kinder- und Jugendarbeit integriert werden, ohne auf Abwehr bzw. Widerstände zu stoßen.

„Klassiker" dieser Präventionsmaßnahmen sollen im Folgenden vorgestellt werden.

Der Verhaltenskodex: Ziel dieser Selbstverpflichtung ist es, sich zu gemeinsamen Verhaltenszielen zu bekennen und sexuelle Übergriffe und Grenzverletzungen deutlich abzulehnen. Der Verhaltenskodex beinhaltet z. B. in der Regel die Selbstverpflichtung, die Intimsphäre der Kinder und Jugendlichen zu respektieren, alles dafür zu tun, dass sexualisierte Gewalt im eigenen Verantwortungsbereich verhindert wird, fachliche Hilfe im Verdachtsfall hinzuzuziehen und die Leitung über Verdachtsmomente zu informieren, aber natürlich auch die Selbstverpflichtung, sexuelle Handlungen oder Beziehungen mit Kindern und Jugendlichen zu unterlassen.

Durch die offensive Thematisierung sollen (potenzielle) TäterInnen bereits im Vorfeld abgeschreckt werden. Verschiedene Varianten für die Kinder- und Jugendarbeit liegen bereits vor. So hat der Bayerische Jugendring einen Verhaltenskodex beschlossen, der von den Mitgliedsverbänden entweder unverändert übernommen oder aber für die eigene Zielgruppe adaptiert werden kann.

Wichtig ist es, im Dialog mit allen Beteiligten in der Organisation die Zielgruppe, für die dieser Verhaltenskodex gültig sein soll, genau abzusprechen und diese genau zu formulieren; so sind z. B. Honorarkräfte, Zivildienstleistende, Verwaltungspersonal nicht immer automatisch in den Verhaltenskodex integriert. Unterschiedliche Antworten finden Jugendverbände und Jugendringe auf die Frage, ob dieser Verhaltenskodex unterschrieben werden sollte oder nicht. Die Diskussion, die in der Regel mit der Beantwortung dieser Frage verbunden ist, führt eigentlich immer zu dem Thema „Verbindlichkeit" des Kodex, was durchaus als positiv zu bewerten ist. Auch die Frage der Vermittelbarkeit und Verständlichkeit des Kodex gerade für jüngere Mitglieder trägt letztendlich in der Regel dazu bei, dass bei der Erarbeitung des „eigenen" Kodex um jeden einzelnen Satz gerungen wird. Der Kodex stellt durch die umfassende Auseinandersetzung bei der Erarbeitung in der Regel dann bei der eigentlichen Beschlussfassung bereits einen Teil des Normen- und Wertekanons innerhalb der Organisation dar. Dieses Instrument von oben zu „verordnen" bzw. zu beschließen bedeutet, Möglichkeiten der Prävention im Bereich „Sensibilisierung" und „Information" zu verschenken und sollte daher vermieden werden. Er sollte ganz im Gegenteil in möglichst vielen Gremien, Gruppen, Arbeitstagungen usw. diskutiert und bearbeitet werden.

Ergänzt werden sollte dieser übergeordnete (manchmal sogar etwas abstrakt wirkende) Verhaltenskodex durch so genannte „Schutzvereinbarungen", die an den spezifischen Arbeitsanforderungen des jeweiligen Arbeitsfeldes ansetzen. Das Team vor Ort (ehrenamtliche und wenn vorhanden, auch hauptberufliche MitarbeiterInnen) vereinbart gemeinsame Regeln zum Schutz (z. B. getrenntes Duschen bzw. Schlafen von Betreuerinnen und Kindern auf Freizeiten, keine Privatkontakte zu den betreuten Kindern usw.). Klare und für alle bekannt gemachte Sanktionsmaßnahmen bei Verstößen gegen den Kodex oder die Schutzvereinbarungen ergänzen das „Schutzpaket" und geben allen Handelnden ein neues Maß an Sicherheit.

Auswahl und Beschäftigung von ehrenamtlichen und hauptberuflichen MitarbeiterInnen: Hauptberufliche MitarbeiterInnen, aber auch Ehrenamtliche sollten gezielt für Aufgaben innerhalb der Kinder- und Jugendarbeit ausgewählt werden. Leider ist ein gezieltes Auswahlverfahren bei ehrenamtlichen MitarbeiterInnen eher die Ausnahme, was damit begründet wird, dass man schon froh über jedeN EhrenamtlicheN sei, der/die Aufgaben übernehmen würde, da könnten nicht noch „Ansprüche" gestellt werden. Trotzdem ist es notwendig und sinnvoll, gerade im Bereich „Gewinnung neuer Ehrenamtlicher" bei der Öffentlichkeitsarbeit der Organisation und bei den folgenden Erstgesprächen das Thema sexualisierte Grenzverletzungen anzusprechen.

Ziel muss es sein, die Gefahr, mögliche TäterInnen für hauptberufliche und ehrenamtliche Tätigkeiten in der Kinder- und Jugendarbeit auszuwählen, möglichst gering zu halten. Natürlich kann nicht angenommen werden, dass sich TäterInnen im Bewerbungsgespräch „outen". Vielmehr geht es darum, allen BewerberInnen deutlich zu machen, dass in der jeweiligen Organisation der Kinder- und Jugendarbeit eine hohe Kompetenz zum Thema vorhanden ist und TäterInnen hier kein „leichtes Spiel" haben. Damit verbunden ist die begründete Hoffnung, dass sich Menschen mit pädosexuellen Neigungen von einer Mitarbeit in dieser Organisation abschrecken lassen.

Der § 72a SGB VIII stellt seit seinem Inkrafttreten sicher, dass alle hauptberuflich in der Kinder- und Jugendarbeit im Kontakt mit Kindern und Jugendlichen Arbeitenden bei der Einstellung (sowie in regelmäßigen Abständen) ein Führungszeugnis vorlegen müssen, und ist somit ein (erstes) Sicherungsinstrument.

Ehrenamtliche sollen nach übereinstimmender Einschätzung von ExpertInnen nicht in diese Regelung einbezogen werden. Der Deutsche Bundesjugendring (DBJR) zum Beispiel hält die Einführung eines Führungszeugnisses für Ehrenamtliche nicht für zielführend und begründet dies u. a. damit, dass ein Führungszeugnis nur verhindere, dass einschlägig vorbestrafte Pädokriminelle, nicht aber Pädosexuelle ohne Verurteilung in der Kinder- und Jugendarbeit aktiv sein könnten. Zudem ist aus Sicht des DBJR der fließende Übergang zwischen Ehrenamtlichen und Teilnehmenden politisch gewolltes Einstiegs- und Lernfeld für ehrenamtliches Engagement und dürfe so wenig wie möglich formalisiert und reglementiert werden[4].

Es gibt jedoch durchaus Jugendverbände, die die Einführung eines Führungszeugnisses auch für Ehrenamtliche diskutieren. Im Bereich der Auswahl und Beschäftigung Ehrenamtlicher ist dieses Thema insgesamt gesehen bisher allerdings erschreckend wenig präsent. Für die Auswahl von Ehrenamtlichen, die im eigenen Verband bzw. in der eigenen Organisation eingesetzt werden, müssen daher

---

[4] Vgl. DBJR, Juni 2009.

Anforderungskriterien bzw. Auswahlverfahren entwickelt werden, die im Sinne von Prävention sinnhaft erscheinen.[5]

Aus-, Fort- und Weiterbildung: Flankierend muss das Thema „Sexuelle Gewalt und Möglichkeiten der Prävention in der Kinder- und Jugendarbeit" auf allen Ebenen zielgruppenspezifisch geschult und vermittelt werden.

Vorstands- und Leitungsebene müssen Verantwortlichkeiten kennen und notwendige Schritte im Bedarfsfall kompetent einleiten können. Hauptberufliche MitarbeiterInnen, meist auch für die Schulungsinhalte Ehrenamtlicher zuständig, sollen die Relevanz des Themas für Schulungskonzepte beurteilen und adäquat umsetzen können. Verantwortliche im Personalbereich der jeweiligen Organisation sollen bei der Auswahl von Ehrenamtlichen und hauptberuflichen MitarbeiterInnen die notwendigen Schritte erkennen und berücksichtigen.

Ein Quantensprung gelingt in der Regel dann, wenn ein Bundesland die (in der Länderhoheit des jeweiligen Dachverbands der Jugendverbände liegenden) Inhalte der JULEICA[6] dahingehend neu regelt, dass die Prävention von sexueller Gewalt als verbindlicher Bestandteil für JugendleiterInnen-Grundkurse aufgenommen wird. In der Folge müssen alle Jugendverbände und Jugendringe diesen Inhalt bei den Schulungen der (neuen) Ehrenamtlichen berücksichtigen, was unserer Erfahrung nach auch auf alle anderen Ebenen der Organisation Auswirkungen hat. So hat

z. B. die Nachfrage der Jugendverbände nach Beratung und Schulung zu diesem Thema in Bayern deutlich zugenommen, seit der Landesvorstand des Bayerischen Jugendrings im Juli 2007 beschloss, dieses Thema als verbindlichen Bestandteil in die JULEICA-Ausbildung zu integrieren. Schulungsanfragen gab es jedoch nicht nur für TeilnehmerInnen von JULEICA-Ausbildungen und MultiplikatorInnen (für diesen Schulungsbereich), sondern auch für BildungsreferentInnen und Vorstände von Verbänden.

Vertrauenspersonen: Konzepte für das Angebot niedrigschwelliger Kontaktaufnahme und Beratung im Verdachtsfall innerhalb der eigenen Organisation, z. B. über Vertrauens- oder Ombudspersonen, werden im Bereich der Kinder- und Jugendarbeit gerade erst entwickelt. Erfahrungen liegen nur in sehr begrenztem Umfang vor. Hier gilt es, die Aufgaben und damit verbundenen Anforderungen klar zu formulieren und darüber hinaus festzuhalten, welche Rahmenbedingungen für dieses Angebot entwickelt und umgesetzt werden müssen. Es darf nicht sein, dass Ehrenamtliche für diese Aufgabe „verheizt" werden oder aber Hauptberufliche sie so einfach nebenbei und zusätzlich zugeordnet bekommen.

Verdachtsabklärung und Intervention: Die einzelnen Verbände, Jugendringe und Organisationen brauchen für den Fall von vermuteten oder belegten sexualisierten Übergriffen oder sexualisierter Gewalt innerhalb der Kinder- und Jugendarbeit vorab (in

---

[5] Vgl. Conen, 2007, S. 21–23.

[6] Die JULEICA (JUgend-LEIter-CArd) ist der Ausweis für ehrenamtliche JugendleiterInnen in der Kinder- und Jugendarbeit, der belegt, dass eine (über die Länder festgelegte und standardisierte) Grundschulung absolviert wurde. Der Ausweis ist mit zahlreichen Vergünstigungen (Eintritt in Museen usw.) für JugendleiterInnen während ihrer Tätigkeiten gekoppelt.

Ruhe) entwickelte und dann auch kommunizierte Meldeketten und Informationen zum Vorgehen im Verdachtsfall, d. h. klare Verfahrensrichtlinien, wann wer wie zu informieren ist, bzw. wann welche externe Fachstelle hinzugezogen werden sollte.

Ziel einer Verdachtsabklärung bzw. Intervention ist immer der bestmögliche Schutz eines (möglicherweise) betroffenen Kindes oder Jugendlichen. Nötig hierfür ist das Bewusstsein, dass jeder Fall das Potenzial besitzt, einer Organisation akut „über den Kopf zu wachsen", wenn nicht vorab Regularien entwickelt wurden, die ein korrektes Vorgehen im Verdachtsfall festlegen und klar formulieren.

Unbedingt berücksichtigt werden muss dabei auch der Fall, dass der vermutete Übergriff möglicherweise durch einen ehrenamtlichen oder hauptberuflichen Mitarbeiter der eigenen Organisation geschehen ist. Zu klären ist aber auch das Verfahren bei sexuellen Übergriffen, die innerhalb der Peergroup geschehen und eine Reaktion der pädagogisch Verantwortlichen erforderlich machen, zudem alle sexuellen Grenzverletzungen von Jugendlichen gegenüber Kindern innerhalb der Kinder- und Jugendarbeit. Klare Meldeverfahren und Sanktionen, aber auch pädagogisch sinnvolles Reagieren schließen sich in beiden letztgenannten Fällen nicht aus.

Dort wo Hauptberufliche in Einrichtungen und Diensten der Kinder- und Jugendarbeit beschäftigt sind, sind die erforderlichen Handlungsschritte im Verdachtsfall von Kindeswohlgefährdung durch sexuellen Missbrauch darüber hinaus über den Schutzauftrag im § 8a SGB VIII festgelegt[7].

Alle vorgenannten Präventionsmaßnahmen hatten als Zielgruppe ausschließlich ehrenamtliche und hauptberufliche MitarbeiterInnen der Kinder- und Jugendarbeit.

Angebote für die Kinder und Jugendlichen selbst müssen diese Palette ergänzen, dürfen jedoch nie isoliert umgesetzt werden. Wichtig ist es, die zwischen den Erwachsenen vereinbarten Regeln (Verhaltenskodex, Schutzvereinbarungen, Vertrauenspersonen usw.) auch gegenüber den Kindern und Jugendlichen zu kommunizieren und bekannt zu machen. Das bestärkt und ermutigt sie wahrzunehmen und zu reagieren, wenn „etwas schiefläuft".

Ergänzend dazu müssen unterschiedliche und passende Formen eines Beschwerdemanagements für Kinder und Jugendliche entwickelt und installiert werden (Blitzlicht, Meckerkasten u. v. m.).

Grundlegende Prävention im Sinne einer präventiven Erziehungshaltung gegenüber den anvertrauten Kindern und Jugendlichen sollte werteorientiert sein und Grenzverletzungen gegenüber anderen Menschen ächten und ggf. auch sinnvoll sanktionieren.

Darüber hinaus haben die Vermittlung bekannter „Präventionsregeln" sowie das Angebot von (qualitativ hochwertigen) Selbstbehauptungs- und Selbstverteidigungskursen dann natürlich auch einen Platz im Gesamtpuzzle der Prävention.

---

[7] Dieser Schutzauftrag wird jedoch im Bereich der Kinder- und Jugendarbeit beim Themenfeld „Einbezug der Personensorgeberechtigten" relativiert, da diese explizit nicht Zielgruppe der Kinder- und Jugendarbeit sind.

Keine klassische Zielgruppe der Kinder- und Jugendarbeit sind die Eltern. Eine **Elterninformation** darüber, wie in der jeweiligen Organisation Prävention von sexueller Gewalt umgesetzt wird und bei wem, wo und wie Eltern sich gegebenenfalls informieren, erkundigen bzw. beschweren können, rundet das Bild jedoch vor allem bei Kindern und jüngeren Jugendlichen ab. Hier bietet sich durch die Elterninformation ein zusätzliches Sicherheitselement an, auf das nicht verzichtet werden sollte. Zudem zeigen unsere Erfahrungen, dass Eltern ein solches Vorgehen als Qualität des jeweiligen Angebots sehen und entgegen anders lautender Befürchtungen nicht dadurch verschreckt werden.

Prävention als Aufgabe für Ehrenamtliche?

Die große Sorge von Verantwortlichen in der Kinder- und Jugendarbeit, dass (junge) Ehrenamtliche durch eine Auseinandersetzung mit dem Thema überfordert würden, ist ernst zu nehmen und bei der Entwicklung von Präventionskonzepten immer zu berücksichtigen. Gleichwohl sind Ehrenamtliche auch heute schon ständig mit Fällen wie oben beschrieben konfrontiert, haben allerdings meist keine klaren innerverbandlichen Hinweise zum Umgang mit Grenzüberschreitungen und sexuellen Übergriffen massiverer Art. Insofern bedeutet die Integration oben beschriebener Präventionsmaßnahmen in der Regel eine Entlastung für den individuellen Ehrenamtlichen oder die individuelle Ehrenamtliche.

Bei den meisten vorgeschlagenen Maßnahmen liegen die Verantwortlichkeiten und Zuständigkeiten für Entwicklung, Integration und Umsetzung ohnehin bei der Leitungs- bzw. Hauptberuflichenebene.

Hauptbestandteile der JULEICA – also der Schulung für (junge oder neue) JugendleiterInnen sollten unserer Einschätzung nach folgende Inhalte sein:

1. (wenige) Grundinformationen zu sexueller Gewalt und Täterstrategien
2. Wertevermittlung im Rahmen einer präventiven Erziehungshaltung
3. Konflikt- und Beschwerdemanagement im jeweiligen Aufgabenbereich
4. sinnvolles Reagieren bei sexuellen Übergriffen unter Kindern und Jugendlichen
5. Führen eines konstruktiven Erstgesprächs , wenn Kinder und Jugendliche von sexuellen Grenzverletzungen berichten
6. Organisieren können von Hilfe und Unterstützung bei (Verdacht auf) sexuelle(r) Gewalt für die Betroffenen, die Gruppe und sich selbst (innerhalb bzw. außerhalb des Verbandes).

Darüber hinaus ist es sinnvoll in anschließenden Schulungen die Themen „Grenzen setzen" sowie „Nähe und Distanz in der Kinder- und Jugendarbeit" zu bearbeiten.

Im Übrigen beschreibt z. B. Wolff (2007), dass „die wohl aussichtsreichste präventive Wirkung allerdings ein grundlegendes präventives Klima (hat)"[8]. Wenn alle

---

[8] Ebd., S. 6.

Beteiligten (ehrenamtliche und hauptberufliche MitarbeiterInnen, Kinder und Jugendliche, Eltern) angstfrei über Grenzen und Grenzverletzungen diskutieren können, „können unliebsame Themen nicht mehr so leicht unter den Teppich gekehrt werden"[9].

Was steht noch an?

Prävention muss verbandsspezifisch entwickelt und umgesetzt werden, da es deutliche Unterschiede in den Werthaltungen, Verhaltensnormen und damit Risikofaktoren gibt, die vom jeweiligen Verband und seinem Profil abhängen (z. B. kirchliche Jugendarbeit vs. Sportjugend[10]).

Prävention ist langfristig als Querschnittsaufgabe in die Arbeit aller Jugendorganisationen zu integrieren und als Qualitätsmerkmal guter Kinder- und Jugendarbeit auch nach außen zu kommunizieren.

Spezifische Risikofaktoren und u. U. Risikogruppen innerhalb der Kinder- und Jugendarbeit müssen erforscht und benannt werden. Erst dann ist es möglich zielgerichtet passende Präventionsmaßnahmen zu entwickeln.

Im Bereich der Internationalen Jugendarbeit sind die „Konzepte der Anpassung", die für die Auslandsaufenthalte von Kindern und Jugendlichen entwickelt wurden, zu überarbeiten, da sie in ihrer Ausprägung präventiven Grundsätzen z. T. widersprechen.

Insgesamt ist zu berücksichtigen, dass jede Maßnahme der Prävention, die entwickelt und in die jeweilige Organisation integriert wird, das Hellfeld der „Fallzahlen" erst einmal erhöhen kann. Im Interesse der Kinder und Jugendlichen muss der beschrittene Weg mit hoher Klarheit und Transparenz jedoch weiter gegangen werden. Nur so können langfristig Strukturen entwickelt und installiert werden, die sexuelle Gewalt innerhalb der Kinder- und Jugendarbeit verhindern und TäterInnen abschrecken.

Je mehr Organisationen sich dieser Arbeit verschreiben und sie umsetzen, desto geringer werden die Gefahren, dass TäterInnen lediglich den Verband wechseln (Verbandshopping), wenn es bei einem Verband gerade „ungemütlich" wird.

Klarheit durch Prävention

Kommen wir zum Schluss noch einmal auf die eingangs geschilderten Beispiele sexueller Grenzverletzungen im Rahmen der Kinder- und Jugendarbeit zurück. Welche positiven Effekte könnten die hier beschriebenen Präventionsmaßnahmen auf diese Situationen haben?

Martin, Thorsten und Danielle – sofern bei ihnen kein pädosexueller Hintergrund gegeben ist – hätten durch die Auseinandersetzung mit dem verbandsinternen Verhaltenskodex und der Schutzvereinbarung Klarheit und Orientierung, wo es in

---

[9] Ebd.

[10] Vgl. Kohler, 2004, S. 247 f.

ihrer Verantwortung liegt, Grenzen zu wahren, selbst wenn die TeilnehmerInnen aus ihrer Gruppe oder der Freizeit körperliche Nähe und intime Gespräche suchen.

Die von Alex fotografierten Mädchen und die Jungen, die die Bilder zu sehen bekommen, wüssten, dass und wo sie sich kompetente Unterstützung holen könnten.

Peter, der ein ganz gezieltes Verhalten an den Tag legt und bei dem bereits ein pädokrimineller Hintergrund vermutet werden kann, wüsste, dass er sich auf sehr dünnem Eis bewegt. Zu hoffen wäre, dass er seine Aktivität im Jugendverband beendet, wenn die Kompetenz zum Thema sexuelle Gewalt in seinem Verband wächst. Die Jungen, die zu ihm nach Hause kommen, wüssten, wo sie sich hinwenden könnten, wenn ihnen Peters Verhalten unangenehm wird. Der Verband hätte dann, sobald ihm das Verhalten bekannt wird, auch die Möglichkeit gegen Peter vorzugehen.

Bastian wäre vielleicht von der Situation weniger überfordert, da er wüsste, welche weiteren Schritte er in die Wege leiten könnte und wo es für ihn und vor allem für Barbara kompetente Unterstützung gibt.

Prävention gibt keinen 100%igen Schutz vor sexueller Gewalt und sexualisierten Grenzverletzungen. Jedoch gibt es Grund zur Hoffnung, dass gute und „passgenaue" Prävention die Chancen, dass Übergriffe gar nicht erst passieren und betroffene Mädchen und Jungen möglichst rasch Hilfe und Schutz bekommen, ganz erheblich erhöhen.

Literatur

Bayerischer Jugendring (2001). Prävention vor sexueller Gewalt in der Kinder- und Jugendarbeit. Basisinformationen zum Thema „Sexuelle Gewalt". Baustein 1. München: BJR.

Bayerischer Jugendring (2003). Prävention vor sexueller Gewalt in der Kinder- und Jugendarbeit. Qualitätskriterien bei Selbstbehauptungskursen bzw. Selbstverteidigungstrainings. Empfehlungen des Bayerischen Jugendrings. Baustein 2. München: BJR.

Bayerischer Jugendring (2003). Sexuelle Übergriffe – Sexueller Missbrauch – Sexuelle Belästigung. Merkblatt für Freizeiten. 1. Auflage. München: BJR.

Bayerischer Jugendring (2004). Prävention vor sexueller Gewalt in der Kinder- und Jugendarbeit. Grundlagen und Methoden präventiver Arbeit. Baustein 3. München: BJR.

Bayerischer Jugendring (2005). Maßnahmekatalog zur Prävention sexueller Gewalt in der Kinder- und Jugendarbeit. Beschluss des 126. Hauptausschusses. Würzburg: BJR.

Bayerischer Jugendring (2006). Verhaltenskodex. Beschluss des Landesvorstands des BJR. München: BJR.

Bayerischer Jugendring (2006). Prävention vor sexueller Gewalt in der Kinder- und Jugendarbeit. Leitfaden zur Ausbildung von ehrenamtlichen Jugendleitern und Jugendleiterinnen. Baustein 4. München: BJR.

Bayerischer Jugendring (2006). Position des Bayerischen Jugendrings zur Umsetzung des Gesetzes zur Weiterentwicklung der Kinder- und Jugendhilfe („KICK"). München: BJR.

Cevi Schweiz (1999). Richtlinien zum Umgang mit der Vermutung oder Gewissheit über sexuelle Ausbeutung im Cevi. Zürich: Eigenverlag Cevi Schweiz.

Conen Dr. Marie-Luise (2007). Arbeitshilfen für die Personalauswahl zur Vermeidung der Einstellung pädosexueller MitarbeiterInnen. In: IzKK-Nachrichten. Heft 1/2007, 21–33.

Deutscher Bundesjugendring (DBJR) (2009). Führungszeugnis für Ehrenamtliche – ein geeigneter Beitrag zur Prävention sexuellen Missbrauchs in Jugendverbänden? Berlin.

Fegert Jörg M. & Wolff Mechthild (2002). Sexueller Missbrauch durch Professionelle in Institutionen. Prävention und Intervention. Ein Werkbuch. Münster: Votum Verlag.

Hofmann Urs (2004). Das soziale Klima als Ansatzpunkt. Prävention sexueller Ausbeutung in Freizeitorganisationen. In: Limita (Hrsg.) Stark sein alleine genügt nicht. Prävention sexueller Ausbeutung von Mädchen und Jungen. Basel: Lenos Verlag.

Kohler Iris Christa (2004). Der sexuelle Übergriff beginnt im Kopf. Prävention sexueller Ausbeutung im Sport. In: Limita (Hrsg.) Stark sein alleine genügt nicht. Prävention sexueller Ausbeutung von Mädchen und Jungen. Basel: Lenos Verlag.

Mira (2005). Bei uns sollen Kinder sicher sein. http://www.mira.ch/fileadmin/Dokumente/mira_jugend.GzD.pdf. 28.07.2009

Sell Dr. Meta (2007). Sichere Orte für Kinder. Ein Handlungsmodell zum Schutz von Kindern und Jugendlichen vor pädosexuellen Übergriffen in offenen Freizeiteinrichtungen. In: IzKK-Nachrichten. Heft 1/2007, 35–39.

Wolff Prof. Dr. Mechthild (2007). Sexualisierte Gewalt durch Professionelle in Institutionen. Kein neues, aber ein halbherzig verhandeltes Thema. In: IzKK-Nachrichten. Heft 1/2007, 4–7.

Zartbitter e. V. (2007). Presseinformation. Sexueller Missbrauch von Jungen im Sport. In: Prä&Pro. Heft 2/2007, 21–25.

Christine Rudolf-Jilg

Eine (hilflose) Jugend zwischen Bushido und Niceguys

Sexuelle Übergriffe unter Jugendlichen

Zwei Jugendliche (14 und 15 Jahre) vergewaltigen eine 14-jährige Mitschülerin.[1] Drei Jugendliche vergewaltigen eine 17-Jährige. Ein Vierter filmt die Vergewaltigungen mit dem Handy.[2]

Dies sind zwei Schlagzeilen über Vergewaltigungen durch Jugendliche, die in den Medien verbreitet wurden und die wir *alle* wahrnehmen mussten. Sexuelle Übergriffe im Jugendalter sind jedoch keine Ausnahme, sondern es ist vor allem für Mädchen fast „normal", im Jugendalter sexuelle Übergriffe durch andere Jugendliche zu erleben[3]. In einem Alter, in dem vielen Mädchen, aber auch Jungen, nichts wichtiger scheint als die Liebe, wenn die Hormone verrückt spielen, wenn der Körper sich verändert, wenn „rosarote" oder „feuchte" Träume wichtiger als Schule und Alltag sind, müssen zahlreiche Jugendliche Sexualität als Übergriff erleben, häufig, ohne dass die Erwachsenen im Umfeld dies bemerken.

Erste sexuelle Erfahrungen im Jugendalter sollten natürlich nicht mit Grenzverletzungen verbunden sein, sondern für beide Jugendliche positiv verlaufen. Nach wie vor verharmlosen und bagatellisieren jedoch viele Erwachsene (Eltern, aber auch PädagogInnen) bekanntwerdende sexuelle Übergriffe, da sie sich hilflos fühlen und nicht wissen, wie sie sinnvoll darauf reagieren können und sollen. Nach dem Motto „das wächst sich wieder aus", wird dann oft nicht genau hingeschaut, ausreichend differenziert und gehandelt. Dabei sind Jugendliche gerade im Bereich der Sexualität darauf angewiesen, Orientierung, Hilfe und Unterstützung durch Erwachsene zu erhalten.

Erforderlich für ein genaues Hinsehen und überlegtes Eingreifen von Erwachsenen ist ein fundiertes Wissen über altersgerechtes jugendliches Sexualverhalten, aber auch das Wissen darüber, was als abweichendes Sexualverhalten zu werten ist.

Was sind sexuelle Übergriffe unter Jugendlichen?

Sexuelle Übergriffe unter Jugendlichen sind z. B.

— sexualisierte Schimpfwörter und Gesten

— obszöne Anrufe

— Voyeurismus

---

[1] Hamburger Abendblatt, Februar 2007.

[2] Spiegel-Online, Juni 2006.

[3] Vgl. Krahé, 2002 sowie AMYNA, 1999.

— das Aufnehmen und Weitergeben (auch über Internet) von intimen Fotos und Filmen ohne Zustimmung der betroffenen Person

— Exhibitionismus

— sexualisiertes Mobbing, d. h. das „Schlechtmachen" einer anderen Person, v. a. im sexuellen Bereich

— Stalking, d. h. das Belästigen, Verfolgen und Bedrohen einer anderen Person

— körperliche sexualisierte Übergriffe wie sexuelle Nötigung, d. h. ungewollte Berührungen und „Grapschen", erzwungene sexuelle Handlungen durch Überredung, Erpressung und Manipulation, das „Gefügigmachen" durch Alkohol und bewusstseinsverändernde Drogen

— Date-Rapes (sexuelle Gewalt bei einer Verabredung), Vergewaltigungen und sog. „Gang-Bangs", d. h. Gruppenvergewaltigungen

Zahlreiche Übergriffe unter Gleichaltrigen bleiben im sogenannten „Dunkelfeld" und werden nicht öffentlich bekannt, da sie nicht aufgedeckt und angezeigt werden. Über die polizeiliche Kriminalstatistik ist jedoch ein deutlicher Anstieg von Anzeigen in den letzten Jahren gegenüber Jugendlichen feststellbar. Unter ExpertInnen wird diese mögliche Zunahme jugendlicher Sexualdelinquenz mit großer Sorge betrachtet. Die Täter sind überwiegend männliche Jugendliche. Es gibt jedoch auch Mädchen, die sexuelle Übergriffe begehen. Opfer von sexuellen Übergriffen sind vor allem Mädchen, immer wieder aber auch Jungen. Krahé stellte z. B. in ihrer Untersuchung zu sexuellen Aggressionen *unter* Jugendlichen und jungen Erwachsenen fest, dass „wenig mehr als ein Drittel der von uns untersuchten Frauen und weniger als 60 Prozent der befragten Männer bislang ausschließlich freiwillige sexuelle Erfahrungen gemacht hatten"[4].

Warum kommt es zu sexuellen Übergriffen?

Sexuelle Übergriffe durch Gleichaltrige lassen sich nicht in ein eindimensionales Erklärungsmuster zwingen. Systematische Untersuchungen gibt es hierzu meines Wissens nicht. Meines Erachtens können zahlreiche verschiedene Faktoren eine Rolle spielen.

Sexuelles Verhalten, das Grenzen eher versehentlich, nicht mit Vorsatz und vor allem nicht massiv verletzt oder durch starke Unsicherheiten im sexuellen Umgang mit dem anderen und eigenen Geschlecht bedingt ist, ist ursächlich sicherlich anders zu bewerten und die Intervention Erwachsener muss anders aussehen, als wenn Grenzen gezielt mit Vorsatz und Planung sowie mit Gewalt wiederholt und massiv missachtet und verletzt werden.

Gerade bei Übergriffen unter Gleichaltrigen scheint eine weitere Ursache das Problem der „missverstandenen Kommunikation" (nein sagen, ja verstehen bzw. ja

---

[4] Krahé, 2002, S. 259.

sagen, nein verstehen) einer der Auslöser für sexuelle Übergriffe unter einander bekannten Jugendlichen zu sein.[5]

Die immer rasantere „Pornograisierung" der Gesellschaft trägt zu einer Haltung unter Jugendlichen bei, die (vor allem männlichen Jugendlichen) suggeriert, dass Gewalt in sexuellen Kontakten normal sei. Die Helden vieler Jungen heutzutage heißen Bushido oder Sido, sie sind „Porno-Rapper" (und nicht die einzigen), deren Songs häufig auf dem Index landen und doch (oder gerade deswegen) von den Kids gehört werden. Vergewaltigungsphantasien werden durch sie „salonfähig" gemacht.

Auch „Real Rape"-Stereotype (d. h. die Vorstellung, in welchem Kontext und wie es zu einer Vergewaltigung kommt) prägen nach wie vor die Bilder vieler Menschen davon, wie sexuelle Gewalt im Jugend- bzw. Erwachsenenalter aussieht. So wird unter „Vergewaltigung" häufig nur die vollzogene vaginale Vergewaltigung einer sich aktiv zur Wehr setzenden Frau bzw. eines Mädchens durch eine fremde Person verstanden. Die Vergewaltigung eines Mannes oder eines Jungen wird in bestehenden Vorstellungen häufig nicht mitgedacht, ebenso nicht, dass die Gewalt auch von einer Frau bzw. einem Mädchen ausgehen kann oder dass Täterin und Opfer befreundet sind. Sexuelle Übergriffe durch befreundete Jugendliche, durch Mädchen gegenüber anderen Jugendlichen, aber auch sexuelle Übergriffe gegenüber Jungen werden von Jugendlichen häufig bagatellisiert und als Problem negiert. Das Bewusstsein für die (meist nicht körperliche, sondern häufig psychische) Gewalt, die bei Übergriffen durch befreundete Jugendliche eine Rolle spielt, und die Problematik dabei ist vielen Jugendlichen gar nicht in Gänze bewusst[6].

Die Bedeutung von Peer-Groups, d. h. der Clique Gleichaltriger, im Hinblick auf sexualisierte Übergriffe wird meist nicht ausreichend berücksichtigt. Dabei kann (sowohl in Mädchen- als auch Jungengruppen, aber auch in gemischtgeschlechtlichen Gruppen) durch die bestehende Gruppendynamik ein Gruppendruck entstehen, der einzelne Mädchen bzw. Jungen zu einem sexuellen Verhalten bringt, das sie selbst eigentlich nicht zeigen wollen und das ihre eigenen Grenzen oder die anderer Gruppenmitglieder verletzt.

Der (freiwillige, aber übermäßige) Genuss von Alkohol kann dazu führen, dass eigene Grenzen nicht ausreichend deutlich gesetzt werden können bzw. die Grenzen anderer Jugendlicher nicht wahrgenommen und respektiert werden. Wird Alkohol sogar gezielt eingesetzt, um den Widerstand einer anderen Person zu schwächen und so sexuelle Grenzverletzungen zu ermöglichen, liegt planvolles und absichtliches sexuell grenzverletzendes Handeln vor.

In der Fachöffentlichkeit wird außerdem diskutiert, ob ein Aufwachsen von Kindern in einer stark antisozialen Umgebung und eigene Gewalterfahrungen zur Entwicklung von Täterschaft beitragen[7].

---

[5] Vgl. Krahe, 2002.

[6] Vgl. auch einen Artikel in der SZ, 29.08.2009 „Vergewaltigung ist so ein hässliches Wort", http://jetzt.sueddeutsche.de/texte/anzeigen/480322.

[7] Vgl. Machlitt, 2004.

Opferorientierte und täterorientierte Präventionsansätze

Wissen über sexuelle Übergriffe unter Jugendlichen und begünstigende Faktoren zu vermitteln reicht jedoch nicht aus, um eine zukünftig geringere Gefährdung zu erreichen. Nötig sind hier zielgerichtete und fachlich gut begründete Präventionsmaßnahmen. Leider gibt es bisher jedoch kaum Präventionsansätze, die sich diesem Thema zuwenden und ihre Wirksamkeit auch belegen können.

Unterschieden werden muss bei den vorliegenden, in ihrer Wirksamkeit bislang meist nicht belegten Präventionsangeboten, die sich ausschließlich direkt an Jugendliche wenden, zwischen sog. „opferorientierten" Präventionsangeboten, die also darauf abzielen, dass Mädchen und Jungen sexuelle Übergriffe auf sich verhindern können, und sog. „täterorientierten" Präventionsprogrammen, die das Ziel haben, dass potenziell gefährdete Jugendliche nicht sexuell übergriffig gegenüber anderen werden.

Bei den wenigen untersuchten (opferorientierten) Präventionsprogrammen lässt sich derzeit keine signifikante Reduzierung der Viktimisierungsrate feststellen.[8] Ob dies an der Kürze der Programme oder aber daran liegt, dass täterpräventive Programme der einzig wirksame Ansatzpunkt sind, bleibt allerdings offen.

Ein Schwerpunkt bei opferorientierten Präventionsprogrammen liegt häufig in der Vermittlung geeigneter Selbstverteidigungstechniken, die helfen, in einer Angriffssituation einen Täter abzuwehren und so Verletzungen zu vermeiden. Dies stellt in der Regel dann eine sinnvolle Reaktion auf einen sexuellen Übergriff dar, wenn der Täter fremd ist. Bei bekannten Tätern sei es wichtiger, „die psychischen Barrieren abzubauen, auf die Bedrohung eines sexuellen Übergriffs durch einen bekannten Täter mit aktivem Widerstand zu reagieren"[9]. Doch auch Präventionsprogramme, die diese emotionale „Umorientierung" leisten wollten, zeigten keine geringere Rate in Bezug auf eine Opfererfahrung innerhalb der nächsten 7 Monate.[10] Eine Erklärung dafür mag sein, dass das „Schutzverhalten", das viele Mädchen und Frauen entwickeln, häufig trotzdem auf der Vorstellung des Fremdtäters basiert und daher in der Regel keine Strategien gegenüber bekannten Tätern beinhaltet.

Jugendliche Opfer sexueller Übergriffe und ihr Hilfs- und Unterstützungsbedarf sind nach wie vor kaum im Blick. Krahé mahnt dies als „vordringliche Aufgabe" an.[11] Präventionsziel sei es, die Wahrscheinlichkeit für Jugendliche, einen sexuellen Übergriff zu erleben, zu verringern bzw. im Falle eines Übergriffs den Betroffenen angemessene Hilfen anzubieten.[12]

---

[8] Vgl. Krahe, 2002.

[9] Ebd., S. 243.

[10] Ebd.

[11] Ebd., S. 235.

[12] Ebd.

Anforderungen an die Prävention

Aus den vorgenannten Aussagen, aber auch aus den Praxiserfahrungen der Bildungsarbeit bei AMYNA leiten sich aus meiner Sicht unten stehende Anforderungen an die Präventionsarbeit ab. Dabei unterscheide ich nicht nach opfer- und täterorientierter Prävention, sondern richte den Fokus auf die Gesamtgruppe der Jugendlichen.

Sexualpädagogik

Eine umfassende und emanzipatorische Sexualerziehung stellt die *wesentliche* Grundlage für Präventionsarbeit zum Thema „Sexuelle Übergriffe unter Jugendlichen" dar. Dabei reicht es nicht aus, die Bedeutung von Selbstbestimmung bei sexuellen Aktivitäten herauszuarbeiten. In der Sexualpädagogik muss zudem die Tatsache, dass Mädchen und Jungen im Jugendalter häufig mit dem Problem von Übergriffen durch andere Jugendliche konfrontiert sind, für alle Jugendlichen angesprochen werden. Neben anderen Problembereichen (Verhütung, HIV-/Aidsprävention, Prävention von sexuellem Missbrauch usw.) ist daher auch das Thema „sexuelle Übergriffe unter Jugendlichen" in der schulischen und außerschulischen Jugendarbeit zu behandeln. Explizit benannt ist dieser Themenbereich bisher in keinem der veröffentlichten Lehrpläne der verschiedenen Bundesländer.[13] Inwieweit er unter den Themenbereichen „Sexueller Missbrauch/sexuelle Gewalt" subsumiert wird, kann nicht abschließend beurteilt werden. Bestehende Lehrpläne und Materialien der Sexualerziehung müssen daher ggf. um den Themenbereich „sexuelle Übergriffe unter Jugendlichen" ergänzt werden.

Ein regelmäßiger fachlicher Austausch zwischen den Bereichen der Prävention und der Sexualpädagogik ist aktuell in Deutschland weder im Bereich Wissenschaft noch Praxis ersichtlich, obgleich deutliche Schnittstellen zu erkennen sind. Prävention und Sexualpädagogik gilt es gerade für das Jugendalter verstärkt zu verschränken. Auch Prävention muss – mehr als bisher – mit Fachkräften der Sexualpädagogik zusammenwirken.

Als zentrale Inhalte dieses Präventionsbereichs sollte Jugendlichen vermittelt werden:

— klare Werte und Normen, was in Ordnung ist und was nicht (z. B. auch in Bezug auf Alkohol: „Es ist nicht in Ordnung jemanden durch Alkohol gefügig zu machen.")

— kurzes und prägnantes Wissen über die Realität sexueller Übergriffe unter Jugendlichen (Was sind sexuelle Übergriffe? Wie häufig kommen sie vor? Wer sind die TäterInnen? Wer sind die Betroffenen? Welche begünstigenden Faktoren gibt es?)

— eine differenzierte Reflexion von gesellschaftlichen und medialen Rollenzuweisungen (Mann bzw. Junge: stark und aktiv, Frau bzw. Mädchen: schwach, sexy und begehrenswert) und deren Bedeutung für die eigene Sexualität

---

[13] Vgl. BZgA, 2003.

— Unterstützung bei der sexuellen Orientierung; Reflexion der gesellschaftlichen und medialen heterosexuellen Normierung; Reflexion vorhandener homophober Tendenzen

— Reflexion von Peer-Gruppendynamiken bei sexuellen Aktivitäten Jugendlicher (Gruppendruck bezüglich Beginn, Häufigkeit und Art der sexuellen Aktivität, Ausübung von Macht und Gewalt bei sexuellen Handlungen)

— Kommunikationstrainings zu sexuellen Wünschen (immer spezifisch für Jungen und Mädchen, aber auch in gemischtgeschlechtlichen Gruppen) mit dem Ziel eindeutigere Kommunikation und Kommunikationsentschlüsselung einzuüben

— Hilfs- und Unterstützungsangebote bei Übergriffen, die nicht selbst (ausreichend) abgewehrt werden konnten und die Vermittlung, dass dies nicht mit eigenem Versagen bzw. eigener Schuld verbunden ist

— Angebote guter Selbstbehauptungskurse und Selbstverteidigungstrainings, die in den Kursinhalten auch Übergriffe durch bekannte Gleichaltrige und Möglichkeiten der Abwehr thematisieren

— Jugendliche brauchen Unterstützung bei der Kontaktaufnahme und Beziehungsgestaltung. Pädagogisch angeleitete Flirtkurse können eine Möglichkeit sein, mit Jungen daran zu arbeiten, wie sie Kontakt aufnehmen, wie sie mit Ablehnung umgehen können, wie sie Mädchen zeigen können, dass sie sie mögen, wie erste „Annäherungsversuche" aussehen können und wie sie erkennen können, ob das Mädchen das mag oder nicht.

Diese Inhalte der Präventionsarbeit sollen die klassischen Inhalte einer sich positiv auf Sexualität beziehenden Pädagogik nicht ersetzen. „Klassische" Sexualpädagogik bleibt nach wie vor wichtiger Bestandteil der Arbeit mit Jugendlichen. Es geht um eine Ergänzung durch die oben genannten Themenbereiche.

Alters- und zielgruppengerechte Präventionsmaßnahmen

Prävention von sexuellem Missbrauch beschränkt sich mit ihren Angeboten (egal ob für Eltern, Fachkräfte als MultiplikatorInnen oder die Zielgruppe selbst) derzeit v. a. auf die Altersgruppe der Kinder bis zum 12./14. Lebensjahr. Dies zeigen zumindest eigene (Internet-)Recherchen und Anfragen bei Fachstellen zu sexualisierter Gewalt. Prävention muss „Jugendliche" also als gesonderte Zielgruppe von Präventionsarbeit insbesondere auch bezüglich des Themenbereichs „Übergriffe unter Jugendlichen" verstärkt in den Blick nehmen und alters- und zielgruppengerechte Präventionsmaßnahmen, Methoden und Materialien entwickeln. Sie muss auch an den unterschiedlichen Problemlagen von Mädchen und Jungen in diesem Alter ansetzen. Dabei ist der Tatsache Rechnung zu tragen, dass sexuelle Übergriffe nicht nur, aber vor allem durch Jungen gegenüber Mädchen begangen werden. Ergänzend dazu sind jedoch auch Angebote der Prävention für Jungen zu entwickeln, welche die Möglichkeit sexueller Übergriffe durch andere Jugendliche, sowohl durch Jungen als auch Mädchen, ebenfalls angemessen thematisieren.

Geschlechtshomogene und geschlechtsheterogene Gruppenarbeit

Geschlechtsspezifisch differenzierte Gruppenarbeit (die nach wie vor in der Schule, aber auch in der außerschulischen Jugendarbeit ihre Berechtigung hat), kann Mädchen und Jungen gezielt und geschlechtsdifferenziert zu diesem Thema informieren und sensibilisieren, leidet aber auch unter dem Manko, dass das „Einüben von eindeutiger Kommunikation" im Hinblick auf sexuelle Wünsche und Präferenzen u. U. (bei heterosexuellen Jugendlichen) nicht gewährleistet ist. Daher ist diese Form pädagogischer Arbeit sinnvollerweise zu kombinieren mit Übungen, die geschlechtsheterogen angelegt sind.

Peer-Education Programme

Im Sinne von Partizipation sind bei der Präventionsarbeit mit Jugendlichen diese selbst aktiv zu beteiligen, d. h. reine Frontal-Programme sind zu vermeiden. Peer-Education Programme scheinen hingegen eine sinnvolle Methode zu sein[14]; Jugendliche vermitteln dabei anderen Jugendlichen bestimmte Lerninhalte. Bereits bei der Planung und Entwicklung von Maßnahmen, Methoden und Materialien können einzelne Jugendliche z. B. miteinbezogen werden. Wenn „geschulte" Jugendliche dann als MultiplikatorInnen in Gruppen mit anderen Jugendlichen über bestehende und unter Umständen einengende Gruppenregeln (z. B. wann Sexualität aus Sicht der Clique wie gelebt werden „soll") diskutieren, ist die Akzeptanz der anderen Jugendlichen zur Reflexion und Änderung eigener Werte bzw. eigenen Verhaltens höher, als wenn dies durch einen Pädagogen oder eine Pädagogin angeregt wird.

Selbstbehauptungskurse als flankierende Maßnahmen

Gerade im Jugendalter werden Mädchen, aber auch Jungen häufig Selbstbehauptungs- und Selbstverteidigungskurse angeboten. Diese müssen als ein Puzzlestein der Prävention immer auch den Blick auf Übergriffe unter Jugendlichen haben und ihnen helfen, adäquate Lösungen für den Fall eines Übergriffs durch andere (bekannte) Jugendliche zu entwickeln. Eine mögliche Aufdeckung (Disclosure) im Rahmen der Kurse auch zu diesem Themenkomplex muss von der Kursleitung berücksichtigt und angemessen bearbeitet werden können. Bei der Auswahl von SelbstbehauptungstrainerInnen muss dies beachtet und u. U. speziell abgefragt werden.

Einbindung in den Alltag

Prävention darf dabei keine Eintagsfliege sein, sondern muss an die Lebenswelt der Jugendlichen „andocken" und (auch) praxistaugliche Hilfestellungen für konflikthafte Situationen im Alltag bieten, d. h. ein „Outsourcen" des Themas „sexualisierte Gewalt unter Gleichaltrigen" an ExpertInnen, die nur kurz von außen kommen und diese Einheit „abarbeiten", wird nicht ausreichen. Das Thema kann am besten im alltäglichen Dialog mit den Jugendlichen und im Rahmen eines kontinuierlichen Beziehungskontextes bearbeitet werden, da unregelmäßig auftauchende

---

[14] Vgl. BZgA, 1999.

Fragen und Unsicherheiten im Alltag der Jugendlichen so direkt beantwortet werden können. Es gilt für Eltern und PädagogInnen auch schon bei scheinbar harmlosen (verbalen) sexuellen Übergriffen eindeutig und klar zu reagieren, klare Werte zu vermitteln und Position zu beziehen. Die Aufgabe und Funktion, die das Elternhaus in diesem Bereich einnimmt, kann gar nicht hoch genug eingeschätzt werden, sind die Eltern doch für Jugendliche nach wie vor wichtige AnsprechpartnerInnen und Bezugspersonen.

Kompetente Fachkräfte

Vielen PädagogInnen fehlt unserer Erfahrung nach das Wissen über sinnvolles pädagogisches Handeln bei sexuellen Übergriffen unter Jugendlichen, von denen sie erfahren bzw. die sie beobachten. Sie benötigen daher dringend ein adäquates Handlungsrepertoire für den Umgang mit ihnen bekannt werdenden „Übergriffen unter Jugendlichen". Für den Bereich der Präventionsarbeit mit Kindern wurde bereits ein Konzept erarbeitet (vgl. Freund/Riedel-Breitenstein, 2007). Es bietet sich an zu überprüfen, welche Teile daraus auf die Arbeit mit Jugendlichen übertragbar sind.

Bei der Auseinandersetzung von PädagogInnen mit dieser Thematik vor der Entwicklung und Umsetzung von Handlungskonzepten geht es darum, dass sich PädagogInnen im Team, vor allem aber auch mit sich selbst und bestehenden Mythen, Bildern und Haltungen auseinandersetzen. Wichtig ist es, vorab zu wissen „Was denke ich über sexuelle Übergriffe unter Jugendlichen? Was würde ich machen, wenn „so was" bei uns vorkommt?", damit im Fall eines tatsächlichen Übergriffs diese Fragen bereits durchdacht und diskutiert sind und Handeln überhaupt möglich wird.

Weiterer Handlungsbedarf für Prävention

Handlungsbedarf für die Prävention besteht in zahlreichen weiteren Bereichen und in Bezug auf spezifische Zielgruppen. So sind z. B. innerhalb der großen Gruppe der Jugendlichen noch spezifische Zielgruppen gesondert zu berücksichtigen.

—   In der Arbeit mit behinderten Jugendlichen liegt aktuell der Fokus auf Übergriffen gegenüber Mädchen mit Behinderung. Für behinderte Jugendliche sind geschlechtsdifferenzierte Angebote zu entwickeln. Auch behinderte Jungen sind als mögliche Opfer sexualisierter Übergriffe durch Gleichaltrige verstärkt in den Blick zu nehmen.

—   Zunehmend werden erfreulicherweise Materialien für die interkulturelle Sexualerziehung entwickelt.[15] In der Präventionsarbeit mit Jugendlichen, die einen Migrationshintergrund haben, ist darauf zu achten, bestehende Programme, Materialien und Methoden kultursensibel anzupassen. Auch in diesem Teilbereich der Prävention ist auf einen geschlechtsdifferenzierten Ansatz zu achten.

---

[15] Vgl. z. B. Renz, 2007 und BZgA, 1999.

— Für Mädchen und Jungen, die bereits Opfer sexueller Gewalt in der Kindheit geworden sind, besteht ein erhöhtes Reviktimisierungsrisiko.[16] Daher sind für diese beiden Zielgruppen spezifische Präventionsmaßnahmen, Methoden und Materialien zu entwickeln, die sie auch gezielt (etwa über Beratungsstellen) erreichen.

— Jugendliche nutzen zahlreiche Medien als Quelle der Information zur Sexualaufklärung.[17] Eine Zusammenarbeit mit den Massenmedien z. B. im Rahmen einer Kampagne scheint zu diesem Thema hilfreich. Gerade weil Mädchen und Jungen im Jugendalter sich mit dem Thema „Sexualität" v. a. über Massenmedien auseinandersetzen, ist eine sensible Thematisierung dieses Problems über die Medien (Jugendzeitschriften, Handy, TV und Internet) sicherlich sinnvoll. Ein „good practice"-Beispiel ist die Kampagne „Praat over Seks" („Über Sex reden") aus Belgien, die mittels Plakaten und TV-Spots bei Jugendlichen dafür warb, sexuelle Wünsche eindeutig zu kommunizieren.[18]

— Gearbeitet werden muss auch an der Stärkung der Medienkompetenz von Jugendlichen, weniger in Bezug auf die Vermittlung technischer Fertig- und Fähigkeiten, als vielmehr dahingehend, dass Werte und Normen, die u. U. im realen Leben durchaus (noch?) eine Rolle spielen, in der virtuellen Welt an Bedeutung verloren haben. Das Thema „Intimsphäre" und die Frage „Welche sexuellen Erlebnisse, Fantasien und Wünsche sind privat und damit nicht öffentlich?" sind häufig in Jugendcliquen für das reale Leben klar geregelt; auf (virtuellen) Plattformen dagegen werden Fotos, Videos, aber auch Tagebuch- und Gästebucheinträge weit über diese (realen) Grenzen hinaus öffentlich gemacht.

— Gesucht werden muss auch die Kooperation mit der Suchtprävention bezüglich Alkohol, K.O.-Tropfen und weiterer bewusstseinsverändernder Drogen (Halluzinogene, Marihuana, LSD usw.). Hier muss neben den sonstigen Gefahren verschiedener Drogen auch die Gefahr, dass Mädchen oder Jungen unter Alkohol- bzw. Drogeneinfluss nicht selbstbestimmt und reflektiert sexuellen Handlungen zustimmen können, thematisiert werden, aber auch die Problematik des bewussten „Gefügig- bzw. Widerstandsunfähigmachens" von Jugendlichen klar angesprochen werden.

---

[16] Vgl. Kindler/Unterstaller, 2007.

[17] Vgl. BZgA, 2006.

[18] Vgl. www.ysafe.net.

— Auch die immer rasantere „Pornografisierung" der Gesellschaft trägt zu einer Haltung bei, die suggeriert, dass Gewalt in sexuellen Kontakten normal sei[19]. Vor allem die Medienkontrolle[20], aber auch Erwachsene mit Erziehungsaufgabe sind im Sinne von Prävention gefragt und müssen Antworten auf „Bushido und Co." geben, indem sie verstärkt darauf achten, dass Jugendlichen eine ethisch vertretbare Haltung zu Sexualität über die Medien vermittelt wird.

— „Real Rape"-Stereotype (d. h. die Vorstellung, in welchem Kontext und wie es zu einer Vergewaltigung kommt) prägen (wie oben beschrieben) die Bilder davon, wie sexuelle Gewalt im Jugend- bzw. Erwachsenenalter aussieht. Fatalerweise führt dies auch in Kreisen, die für Schutz und Hilfe für die Betroffenen zuständig sind (z. B. Polizei, Justiz, Ärzte) bei Abweichungen vom eigenen inneren Bild dazu, dass Betroffenen Mitschuld zugeschrieben wird und die Hilfeleistung daher nur eingeschränkt zur Verfügung gestellt wird.[21] Prävention muss daher auch laufend zum Abbau von Vergewaltigungsmythen beitragen. Diese Aufgabe bezieht sich auf alle gesellschaftlichen Gruppierungen und ist als Dauer- und Querschnittsaufgabe anzusehen. Dies bedeutet z. B., dass die angebliche Mitschuld von Vergewaltigungsopfern „wegen zu aufreizender Kleidung" oder der „selbstgefährdende" Aufenthalt von Mädchen und Frauen nachts alleine auf Straßen und Plätzen (nicht nur gemeinsam mit Jugendlichen) diskutiert und reflektiert werden sollte.

— Im Bereich der Sekundärprävention ist in allen Fachberatungsstellen, aber auch anderen Hilfeangeboten für Jugendliche (z. B. Telefonhotline, Internetberatung usw.) im Bereich der Öffentlichkeitsarbeit darauf zu achten, dass dieses spezielle Themenfeld „sexuelle Übergriffe unter Jugendlichen" neben anderen kommuniziert wird und dass angemessene Hilfsangebote vorgehalten werden.

Auch und vielleicht gerade im Jugendalter sind Eltern wichtige AnsprechpartnerInnen für Fragen der Sexualität.[22] Prävention muss daher Eltern von männlichen und weiblichen Jugendlichen für das Problem sexueller Übergriffe unter Jugendlichen sensibilisieren und sie dabei unterstützen, durch eine klare Haltung und die Vermittlung von Werten an ihre Kinder präventiv zu wirken. Sie muss Eltern befähigen, ihre Aufgaben und ihre Verantwortung im Bereich der Sexualerziehung und Prävention wahrzunehmen und zu erfüllen.

Die gesellschaftliche Verantwortung, bei beobachteten (beginnenden) Übergriffen unter Jugendlichen einzugreifen, muss gestärkt werden. Hierbei ist zu vermitteln,

---

[19] Vgl. Heiliger, 2006 und 2008.

[20] Medienkontrolle kann auf unterschiedlichen Ebenen durch unterschiedliche Gremien und Personen wahrgenommen werden. Sowohl die verantwortlichen Sender selbst, Rundfunkräte, ausgewiesene Kontrollgremien, wie z. B. die Kommission für Jugendmedienschutz (KJM), beauftragte Jugend-/MedienschützerInnen, wie z. B. jugendschutz.net, aber auch die Medienselbstkontrolle, wie z. B. der Deutsche Presserat, haben (je nach Funktion und Rolle) unterschiedliche Möglichkeiten (vom eigenen Verhaltenskodex über eine Rüge bis hin zum Bußgeld) Verstöße zu sanktionieren.

[21] Vgl. Krahé, 2002.

[22] Vgl. BZgA, 2006, S. 15.

dass es nicht gilt, sich selbst zu gefährden, vielmehr Hilfe zu holen und Solidarität zu zeigen.[23]

Und last, but not least: Prävention darf gerade in der Arbeit mit Jugendlichen zu diesem Thema nicht die „Spaßbremse" sein und muss eine Balance finden zwischen Information, Kommunikationstraining und Selbstbehauptung, die (auch) zum Schutz vor Übergriffen dienen und der Offenheit dem Jugendalter gegenüber, in dem Risikoverhalten (in vielen Bereichen) und Ausprobieren eben einfach (häufig) zum Alltag gehören. Da wirkt statt des „erhobenen Zeigefingers" vieler Erwachsener das interessierte Anteilnehmen häufig als Schlüssel für einen generationsübergreifenden Austausch.

Ausgewählte Materialien

Funktionierende standardisierte und evaluierte Präventionsprogramme zu diesem „Nischenthema" der Prävention liegen für den deutschsprachigen Raum nach unserem derzeitigen Kenntnisstand nicht vor.

Daher sind PädagogInnen, die das Thema „Übergriffe unter Jugendlichen" in ihre Präventionsarbeit integrieren wollen, auf den Einsatz von Methoden und Materialien angewiesen, die sich im Praxiseinsatz bewährt haben oder aus oben genannten Gründen für einen Einsatz in der Arbeit mit Jugendlichen geeignet erscheinen.

Nachfolgend daher der Hinweis auf einige (wenige) ausgewählte Methoden und Materialien, die aus meiner Sicht für dieses Thema geeignet erscheinen.

Das Jugendbuch von Christina Wahldén „Kurzer Rock"[24] ist für die Arbeit mit Mädchen, aber auch Jungen ab ca. 16 Jahren gut geeignet. Jüngeren Jugendlichen dieses Buch ohne pädagogische Hilfestellung in die Hand zu drücken, erscheint jedoch kritisch. Zu eindrücklich und nachvollziehbar wird dargestellt, wie Madde, die vorher noch keine intensivere Beziehung zu einem Jungen hatte und über ein bisschen Knutschen kaum hinausgekommen war, die Vergewaltigung durch zwei Schulkameraden nach einem gemeinsam verbrachten Abend und das Danach erlebt – vielmehr selbst nicht zu erleben versucht, sondern abspaltet. Viele Menschen rund um Madde unterstützen sie – ob es allen Mädchen in der Realität ebenso geht, darf bezweifelt werden. Trotzdem: ein sehr gutes, ein bewegendes Buch für junge Frauen, aber nicht nur! Ausgezeichnet als eines der „7 besten Bücher für junge Leser" von DeutschlandRadio und Focus.

Auch das Buch „Eigentlich ist gar nichts passiert" von Norma Mazer[25] thematisiert einen Übergriff durch Jungen gegenüber einem Mädchen. Es wird für den Unterrichtseinsatz in der 7.-9. Jahrgangsstufe empfohlen und von umfangreichen Unterrichtsmaterialien begleitet. Thematisiert wird u. a. auch der Gruppendruck, der

---

[23] Vgl. www.sicherewiesn.de, insbesondere die Plakataktion „Schau hin + sag stopp".

[24] Wahldén, 2004.

[25] Mazer, 1995.

häufig in diesem Alter sexuelle Übergriffe durch mehrere Jugendliche erst ermöglicht, und Jungen werden ermutigt, aus der Rolle des (unterstützenden) Mitläufers auszusteigen. Der Perspektivenwechsel zwischen Valerie und Rollo (einem der drei Täter) ermöglicht auch für Jungen die Identifikation und Reflexion. Das Buch ist textlich anspruchsvoller geschrieben als „Kurzer Rock" (s. o.) und sicherlich nicht bei allen Zielgruppen einsetzbar. Geeignet scheint es für den Einsatz an Gymnasien und Realschulen ab der 8. Jahrgangsstufe.

„Nein heißt nicht jein! Du hast ein Recht auf Respekt!" ist unseres Wissens der einzige Flyer für Mädchen und Jungen im Jugendalter, der das Thema sexuelle Übergriffe durch Jugendliche selbst anspricht. Er vermittelt kurz und prägnant das erforderliche Hintergrundwissen zum Thema, räumt auf mit falschen Vorstellungen und nennt weiterführende Angebote der Hilfe und Unterstützung[26].

Einen Flyer für PädagogInnen und Eltern zum Thema „Gegen sexuelle Übergriffe unter Jugendlichen" hat die Aktion Jugendschutz in Baden-Württemberg herausgegeben[27].

Gute und erprobte Bücher für Mädchen und Frauen mit geistiger Behinderung und Lernschwierigkeiten, die u. a. auch die Tatsache sexueller Übergriffe unter Jugendlichen ansprechen, sind z. B. „Anna ist richtig wichtig" sowie „Richtig wichtig – stolz und stark", die von Wildwasser Würzburg für die Arbeit mit Mädchen und Frauen mit einer mittleren bis schweren geistigen Behinderung herausgegeben wurden.[28] Der Comic „Alles Liebe?" richtet sich an Mädchen und Jungen mit leichter geistiger Behinderung und thematisiert zwar primär einen sexuellen Missbrauch gegenüber dem Mädchen durch einen Erwachsenen, bietet jedoch mindestens eine Einheit an, die sich zum Einsatz bei der Prävention von Übergriffen unter Jugendlichen eignet.[29]

Dana Marschner erläutert in „Mädchen stark machen" Ideen, Anregungen und Möglichkeiten zur Selbstbehauptung für Mädchen mit einer geistigen Behinderung, die nicht klassischen Selbstbehauptungstrainings entspricht, vielmehr eine Fülle von Anregungen enthält, wie Prävention von sexueller Gewalt konkret eingeübt werden kann, nicht speziell, aber auch geeignet für Übergriffe unter Gleichaltrigen.[30]

---

[26] Bestelladresse: Landesstelle Jugendschutz Niedersachsen, Leisewitzstr. 26, 30175 Hannover, info@jugendschutz-niedersachsen.de.

[27] Bestelladresse: Aktion Jugendschutz Landesarbeitsstelle Baden-Württemberg, Jahnstr. 12, 70597 Stuttgart, info@ajs-bw.de.

[28] Kaiser u. a., 2007. Eine Übersicht von Materialien für diese Zielgruppe findet sich z. B. unter http://www.lebenshilfe-angesagt-extra.de/missbrauch/missbrauch.htm.

[29] Elmer, 2006b Manual zum Comic. Vgl. hier insb. die Kapitel „Die Beziehung von Lena und Jan" sowie „Das Recht auf Nein" und „Sexualpädagogische Fragen".

[30] Marschner Dana, (2005). Mädchen stark machen. Ideen, Anregungen und Möglichkeiten der Selbstbehauptung. Dortmund: Verlag modernes Lernen.

Das neu erschienene Buch „Sexualpädagogik in interkulturellen Gruppen"[31] thematisiert selbstredend nicht ausschließlich sexuelle Übergriffe unter Jugendlichen, sondern stellt gemeinsame, aber auch kulturell unterschiedliche Werte und Normen im Bereich von Sexualität in den Mittelpunkt. Dennoch eignen sich viele der vorgeschlagenen Methoden (v. a. aus dem Abschnitt „Begegnung mit dem Fremden/Anderssein") auch für die gezielte Arbeit zum Thema „Übergriffe durch Jugendliche", da ein Ziel der beschriebenen Methoden das Wahrnehmen individueller Unterschiede von Sexualität und das Respektieren dieser Unterschiedlichkeit ist. Dabei setzen die Methoden an der Lebenswelt von Jugendlichen (Mädchen und Jungen unterschiedlicher Herkunft) zielgruppengerecht an, vermitteln mit Spaß und Humor altersgerechtes Wissen und ermöglichen Reflexion über bestehende Haltungen, aber auch eigenes Verhalten.

Klassiker sind nach wie vor die geschlechtsreflektierenden Methodenbücher des Verlags an der Ruhr „Müssen Jungen aggressiv sein?" und „Klotzen Mädchen!", die klassisches Rollenverhalten thematisieren und zu Veränderungen anregen.[32]

Die CD-ROM „Mutig, laut und selbstbewusst" gibt Auskunft über Selbstverteidigungs- und Selbstbehauptungsstrategien und –techniken für Mädchen mit Behinderungen. Berücksichtigt dabei werden immer wieder auch Situationen, in denen Übergriffe durch andere Jugendliche geschehen.[33]

In der Projektreihe „Sexualisierte Gewalt" wurden vom Medienprojekt Wuppertal mit mehreren Gruppen von Mädchen zu verschiedenen Formen von sexualisierter Gewalt Dokumentarvideos produziert.[34] Kern des Projektes war es, dass Mädchen mit Erfahrungen von sexualisierter Gewalt – mit professioneller Unterstützung – selbst authentische und zielgruppennahe Aufklärungs- und Präventionsmittel schaffen, welche ihnen und anderen Jugendlichen sowohl präventiv als auch im Umgang mit sexualisierten Gewalterfahrungen helfen. Auch sexualisierte Gewalt unter Gleichaltrigen ist ein Thema der Videoproduktion.[35]

Jugendliche nutzen zur Informationsbeschaffung häufig das Internet. Was liegt also näher, als eine jugendgerechte Thematisierung im Internet zu suchen. Die Website www.loveline.de z. B. bietet Jugendlichen, wie viele andere gut gemachte Websites zur Sexualerziehung auch, zahlreiche und umfassende Informationen zu Sexualität; die Existenz „sexueller Übergriffe durch Gleichaltrige" wird jedoch bei keinem der geprüften Angebote ersichtlich angesprochen.

Eine Ausnahme ist jedoch zu finden. Das Internetprojekt www.niceguysengine.de richtet sein Augenmerk exakt auf das Problem von Übergriffen unter Jugendlichen

---

[31] Renz Meral (2007). Sexualpädagogik in interkulturellen Gruppen. Infos, Methoden und Arbeitsblätter. Mühlheim an der Ruhr: Verlag an der Ruhr.

[32] Hoppe, 1998; Krabel, 1998. Das Buch zur Mädchenarbeit (Hoppe, 1998) ist aktuell leider vergriffen.

[33] Götz u. a., 2004. Bestelladresse: Mädchentreff e. V., Weberstr. 8, 72070 Tübingen, info@maedchentreff-tuebingen.de.

[34] Medienprojekt Wuppertal, 2007. Siehe auch den Artikel von Hören, 2008,) S. 38 ff.

[35] Gesamtlänge 90 Minuten, € 40 bzw. € 15 (Ausleihe), Bestelladresse: Medienprojekt Wuppertal, www.medienprojekt-wuppertal.de.

und wendet sich an Mädchen- bzw. Jungengruppen sowie einzelne Mädchen und Jungen, bietet jedoch auch Möglichkeiten für die geschlechtsheterogene Gruppenarbeit an.[36] Es eignet sich für die Arbeit mit Jugendlichen ab etwa 12 Jahren. Das modular aufgebaute Angebot erscheint sehr gut geeignet für die zielgerichtete Arbeit mit Mädchen und Jungen. Gut ist auch die Möglichkeit, nach der Durcharbeit der anderen Module an der Erarbeitung eigener Gruppenregeln zum Umgang untereinander zu arbeiten. Das Angebot eignet sich für den Einsatz in Schule und Jugendarbeit und kann durch eigene Angebote erweitert werden. Ergänzt wird das vom Deutschen Jugendinstitut (DJI) initiierte Projekt durch zahlreiche Informationen und weiterführende Links für PädagogInnen.[37]

Hilfen für jugendliche Täter sexueller Übergriffe

Bei allen Angeboten der Prävention, die sich undifferenziert an die große Gruppe der Jugendlichen in ihrer Gesamtheit, manchmal auch geschlechtsdifferenziert richten, darf nicht übersehen werden, dass jugendliche Täter und auch (die wenigen) jugendlichen Täterinnen mit Hilfs- und Unterstützungsangeboten berücksichtigt werden müssen und Täterprävention das vorrangige Ziel sein muss.[38] „…denn wir sind der Ansicht, dass bei der Arbeit gegen sexuelle Gewalt vor allem diejenigen in die Verantwortung genommen werden müssen, von denen das Problem in erster Linie ausgeht, sprich dass Täterprävention mehr in den Mittelpunkt gerückt werden muss".[39] Nach wie vor fehlen aber weitgehend allgemein zugängliche Handlungskonzepte, aber auch Beratungs- und Hilfsangebote für betroffene Fachkräfte, Eltern und übergriffige Jugendliche selbst.

Wichtig für Eltern und PädagogInnen ist es in jedem Fall und bereits bei kleinen Grenzverletzungen eine eindeutige Haltung zu zeigen, sowie laufend im Alltag mit Jugendlichen Werte und Regeln für respektvolle Beziehungsgestaltung zu vermitteln.

Fallen Jugendliche durch wiederholte bzw. massive Grenzverletzungen auf, ist gezieltere Hilfe nötig. Meist kann diese weder durch die Eltern noch durch die unmittelbar mit dem Jugendlichen arbeitenden PädagogInnen geleistet werden. Die erforderliche Hilfe und Unterstützung sollte dort, wo es solche Möglichkeiten gibt, durch eine Fachberatungsstelle bzw. therapeutische Einrichtung gegeben werden[40].

---

36 Siehe auch den Artikel von Anita Heiliger IzKK-Nachrichten 1/2008 auf den Seiten 33 ff.

37 www.niceguysengine.de sowie http://www.spass-oder-gewalt.de/doku/anleitung_projektinfo.html.

38 Hier sei u. a. auf die IKK Nachrichten verwiesen: Ausgabe 1-2/2004 „Sexualisierte Gewalt durch Minderjährige", Download unter http://cgi.dji.de/bibs/ikknachrichten6.pdf.

39 Unterstaller, 1999, S. 11.

40 Eine erste Anlaufstelle können auch die Erziehungsberatungsstellen vor Ort sein, die u. U. Adressen niedergelassener TherapeutInnen vermitteln können. Auch die N.I.N.A. (Nationale Infoline zu sexueller Gewalt an Mädchen und Jungen) unter 01805-1234 65 kann bei der Suche behilflich sein.

Wichtig ist es, die Problematik exakt einzuschätzen und individuell passende Hilfen für den Jugendlichen anzubieten, die ihm ermöglichen, den Weg abweichenden Sexualverhaltens wieder zu verlassen.

Differenziert werden muss bei allen sexualisierten Übergriffen, ob sie sich gegen etwa Gleichaltrige oder deutlich jüngere Jugendliche oder gar Kinder (sexueller Missbrauch) richten. Jugendliche mit deutlich pädosexuellen Interessen und sexuellen Phantasien gegenüber Kindern bzw. deutlich jüngeren Jugendlichen benötigen u. U. andere Hilfen als etwa Jugendliche, die sich gegenüber Gleichaltrigen sexuell grenzverletzend verhalten. Sexuelle Übergriffe durch Jugendliche ab der Strafmündigkeit, die bei 14 Jahren liegt, ist bei Fällen mit einiger Erheblichkeit auch ein Straftatbestand im Sinne des Strafgesetzbuches. Je nach Alter der Betroffenen und der Täter findet sich die Einordnung der Delikte in den §§ 174-184 StGB.[41]

Für Eltern, PädagogInnen sowie bei einer Anzeige und einem Verfahren vor Gericht auch für die betroffenen StaatsanwältInnen und RichterInnen ist es wichtig zu wissen, dass selbst bei massiven sexuellen Grenzverletzungen im Jugendalter positive Veränderungen durch eine gute Therapie möglich sind. Vorrangiges Ziel einer solchen Therapie ist es, einen Rückfall in erneutes grenzverletzendes Verhalten zu verhindern.

Wichtige Bestandteile einer solchen Therapie sind[42]:

1. Transparenz: d. h. zu den eigenen Taten zu stehen, Offenheit als Schutz vor erneuten Übergriffen zu erreichen

2. keine Geheimnisse vor dem/den Therapeuten zu haben

3. keine Abwertung durch die Therapeuten, aber ein hohes Maß an Kontrolle

4. das Aufarbeiten der Verleugnung und Bagatellisierung der Tat sowie der Planung sexueller Übergriffe anhand der einzelnen Taten und das differenzierte Benennen von Auslöse-Situationen

5. das Wecken von Opferempathie

Wichtigstes Grundprinzip einer solchen Therapie ist es, dass daran geglaubt wird, dass Verhaltensänderungen beim Jugendlichen möglich sind. Diese Veränderungen benötigen Zeit und geschehen nicht „über Nacht". Ausschlaggebend ist das gezeigte Verhalten, verbale Äußerungen werden nachrangig bewertet. Es wird deutlich gemacht, dass der Jugendliche durch die Therapie lernen kann sein Verhalten zu kontrollieren.

Diese Arbeit am grenzverletzenden Verhalten ist nicht immer im gewohnten Umfeld, z. B. zu Hause, möglich, d. h. der Jugendliche muss unter Umständen für eine bestimmte Zeit in eine stationäre Einrichtung; in manchen Fällen kann auch eine geschlossene Unterbringung notwendig sein.

---

[41] Siehe auch www.gesetze-im-internet.de.

[42] Weissbeck, 2005, S. 259 ff.

Ein vieldiskutierter therapeutischer Ansatz zur Rückfallprävention ist der von Ruud Bullens und Anderen für jugendliche Sexualstraftäter entwickelte. Dieser kognitiv-verhaltenstherapeutisch orientierte Ansatz erstreckt sich in der Regel über einen Zeitraum von 1,5–2 Jahren. Den Abschluss dieser (ambulanten) Therapie bilden die „Handlungspläne", die den Jugendlichen vorgeben, was sie tun können und sollen, wenn erneut risikoreiche Situationen erlebt werden, d. h. Situationen, in denen sie das Bedürfnis spüren, sexuelle Gewalt auszuüben. Teil des Deliktkreislaufs der Jugendlichen in der Vergangenheit war es, auftauchende Schwierigkeiten durch Manipulation, Machtausübung und Erniedrigung eines anderen Menschen zu kompensieren. Nun muss der Jugendliche andere und angemessenere Formen der Konfliktlösung wählen.

Eine enge Zusammenarbeit aller beteiligten Personen des persönlichen Umfeldes ist wichtige Grundvoraussetzung für eine erfolgreiche Rückfallprävention. Nicht nur das Elternhaus und die Schule bilden einen zentralen Bestandteil dieses nachhaltigen Konzeptes, ebenso müssen auch das zuständige Jugendamt und die Strafverfolgungsbehörde mit einbezogen werden. Sexuell übergriffige Jugendliche verstehen es hervorragend, soziale Situationen zu analysieren und für ihre Absichten zu nutzen. Sie sind in der Regel „Meister" der Manipulation und verstehen es teilweise traumwandlerisch „Lücken/Schwachstellen" aufzuspüren und zu instrumentalisieren. Für PädagogInnen ist es daher wichtig im sozialen Netzwerk des Jugendlichen deutlich herauszuarbeiten, wer jeweils die „Fallverantwortung" trägt, um Manipulationen vorzubeugen.

Trotz guter Therapien darf bei einzelnen Jugendlichen mit stark verfestigtem sexuell übergriffigem Verhalten die Gefahr von Rückfällen nicht aus den Augen gelassen werden, die auch bei sehr guten Therapien weiterhin bestehen bleibt.

Wer kann wie helfen?

In einer Gesellschaft, in der über die Medien vermitteltes grenzverletzendes sexuelles Handeln „salonfähig" scheint, ist es für Jugendliche schwer, eine respektvolle und gleichberechtigte Beziehungsgestaltung zu erlernen. Erwachsene in der Familie, in der Schule und in anderen pädagogischen Zusammenhängen müssen daher „Vorbilder" sein und Werte und Regeln vermitteln. Rollenzuweisungen der Medien müssen kritisch hinterfragt werden, vermeintliches sexuelles „Wissen", das über die Medien transportiert wird, muss ergänzt und korrigiert werden durch „echtes" realitätsbezogenes Wissen zu Sexualität und zum eigenen Umgang damit.

Fachberatungsstellen, die im Bereich „Sexualisierter Gewalt" beraten, oder Beratungsstellen, die im Bereich der Sexualaufklärung tätig sind, wie z. B. die Fachstellen von Pro Familia, aber auch Erziehungsberatungsstellen oder MitarbeiterInnen des zuständigen Jugendamtes können erste Anlaufstellen sein und im Bedarfsfall an geeignete und gute TherapeutInnen weiter vermitteln. Weder Eltern noch PädagogInnen sollten sich scheuen, diese Hilfe für betroffene Jugendliche, aber auch den jugendlichen Täter jeweils differenziert in Anspruch zu nehmen.

Ob Täter oder Opfer sexueller Übergriffe unter Jugendlichen, wir Erwachsene dürfen Mädchen und Jungen im Jugendalter nicht alleine lassen und müssen uns mit diesem Themenbereich der Prävention von sexueller Gewalt verstärkt auseinander setzen. Wir Erwachsene sind verantwortlich für den Schutz von Mädchen und Jungen vor sexualisierter Gewalt. Dies gilt auch für Mädchen und Jungen im Jugendalter. Als PädagogInnen, aber auch als Gesellschaft stehen wir bei ihnen in der Verantwortung. Es braucht dafür sicherlich andere Ansätze, Materialien und Methoden als in der Präventionsarbeit mit Kindern und für Kinder. Erste Anhaltspunkte für eine gezielte Präventionsarbeit mit Jugendlichen und für Jugendliche sind jedoch deutlich erkennbar.

Literatur

AMYNA (Hrsg.) (1999). Die leg ich flach. Bausteine zur Täterprävention. München.

BZgA (1999). Wissenschaftliche Grundlagen. Teil 2 – Jugendliche. Köln.

BZgA (2000). Forschungs- und Modellprojekte der BZgA. Sexualaufklärung, Verhütung und Familienplanung. Köln.

BzgA (2003). Richtlinien und Lehrpläne zur Sexualerziehung. Eine Analyse der Inhalte, Normen, Werte und Methoden zur Sexualaufklärung in den sechzehn Ländern der Bundesrepublik Deutschland. Köln.

BzgA (2006). Jugendsexualität 2006. Repräsentative Wiederholungsbefragung von 14-17 Jährigen und ihren Eltern. Köln.

BZgA Forum (2/1999). Sexualaufklärung und Familienplanung international. Köln.

BZgA Forum (3/2007). Sexualaufklärung und Familienplanung. Jugend. Frankfurt.

Bullens Rud u. a. (2005). Screening und Diagnostik bei jugendlichen Sexualstraftätern in den Niederlanden. In: Schläfke u. a. Sexualstraftaten. Schattauer Verlag, 195–204.

Elmer Corinna & Fries Brigitte (2006a). Alles Liebe? Eine Geschichte über Freundschaft, Achtung und Gewalt. Luzern: Interact Verlag.

Elmer Corinna & Fries Brigitte (2006b). Alles Liebe? Manual zum Comic „Alles Liebe?" für Eltern und Fachpersonen. Luzern: Interact Verlag.

Freund Ulli & Riedel-Breidenstein Dagmar (2004). Sexuelle Übergriffe unter Kindern. Handbuch zur Prävention und Intervention. Köln: Verlag mebes & noack.

Götz Barbara, Späth Gabi & Strähle Borghild (2004). Mutig, laut und selbstbewusst. Selbstverteidigung für Mädchen mit Behinderungen. CD-ROM, Tübingen.

IKK Nachrichten (2004). Sexualisierte Gewalt durch Minderjährige. Heft 1–2/2004.

Härtl Sibylle/Unterstaller Adelheid (2003). Raus aus der Nische. Prävention von sexuellem Missbrauch als fester Bestandteil pädagogischen Handelns. München.

Heiliger Anita (2004). Jugendsexualität zwischen gesellschaftlichen Botschaften und individuellen Erfahrungen. In: Deutsche Jugend. Heft 11/2004, 469–479.

Heiliger Anita (2006). Sexuelle Übergriffe unter Jugendlichen. Hintergründe, Risikofaktoren und Ansatzpunkte für Prävention. http://www.jugendschutz-niedersachsen.de/Importe/pdf/Heiliger-Sexuelle-Uebergriffe.pdf 27.01.2008.

Heiliger Anita (2008). Zu Wirkungen von Pornografie auf Jugendliche. Aktuelle internationale Studien. In: IzKK-Nachrichten. Heft 1/2008, 33–36.

Hoppe Siegrif und Hartmut (1998). Klotzen Mädchen! Spiele und Übungen für Selbstbewusstsein und Selbstbehauptung. Mühlheim an der Ruhr: Verlag an der Ruhr.

http://cgi.dji.de/bibs/ikknachrichten6.pdf 27.01.2008

http://jetzt.sueddeutsche.de/texte/anzeigen/480322, Artikel vom 29.08.2009 „Vergewaltigung ist so ein hässliches Wort" 02.12.2009

http://www.berlin.de/imperia/md/content/lb-lkbgg/bfg/nummer24/14_perincioli.pdf 17.12.2007

http://www.lebenshilfe-angesagt-extra.de/missbrauch/missbrauch.htm

http://www.schulische-praevention.de/Die_ersten_Praeventi.28.0.html 08.01.2008

http://www.sextra.de/main.html?page=1535 17.12.2007

http://www.sicherewiesn.de 02.12.2009

http://www.spass-oder-gewalt.de/doku/anleitung_projektinfo.html 17.12.2007

http://www.spass-oder-gewalt.de/#anfang 17.12.2007

http://www.stern.de/politik/deutschland/581936.html?nv=ct_mt 15.02.2008

http://www.ysafe.net/ 15.02.2008

Innocence in Danger Sektion Deutschland e. V. & Bundesverein zur Prävention von sexuellem Missbrauch an Mädchen und Jungen (2007). Mit einem Kick zum nächsten Klick. Aggression und sexuelle Gewalt im Cyberspace. Köln.

Kaiser Susanne u. a. (2007). Anna ist richtig wichtig. Köln: Verlag Mebes & Noack.

Kaiser Susanne u. a. (2007). Richtig wichtig – stolz und stark. Köln: Mebes & Noack.

Kindler Heinz & Unterstaller Adelheid (2007). Reviktimisierung sexuell missbrauchter Kinder. In: Izkk-Nachrichten. Sexualisierte Gewalt durch Professionelle in Institutionen. Heft 1/2007, 8-12.

Krabel Jens (1998). Müssen Jungen aggressiv sein? Eine Praxismappe für die Arbeit mit Jungen. Mühlheim an der Ruhr: Verlag an der Ruhr.

Krahé Barbara & Scheinberger-Olwig Renate (2002). Sexuelle Aggression. Verbreitungsgrad und Risikofaktoren bei Jugendlichen und jungen Erwachsenen. Göttingen: Hogrefe-Verlag.

Landesstelle Jugendschutz Niedersachsen (2007). Nein heißt nicht jein! Du hast ein Recht auf Respekt. Informationen für Mädchen und Jungen. Bestelladresse: Landesstelle Jugendschutz Niedersachsen. Leisewitzstr. 26, 30175 Hannover. www.jugendschutz-niedersachsen.de

Machlitt Klaus (2004). Perspektiven der Behandlung sexuell grenzverletzender Jugendlicher. In: IzKK-Nachrichten. Heft 1–2/2004, 11–16.

Manske-Herlyn Bernhild (1998). Sexualerziehung und Prävention von sexueller Gewalt. Kommentierte Bücher- und Materialsammlung für Jugendliche und Fachleute. AJS Landesarbeitsstelle Baden-Württemberg. Stuttgart.

Marschner Dana (2005). Mädchen stark machen. Ideen, Anregungen und Möglichkeiten der Selbstbehauptung. Übungsreihen für Geistigbehinderte. Heft D2. Dortmund: Verlag Modernes Leben.

Medienprojekt Wuppertal (2007). Sexualisierte Gewalt Nr. 2. www.medienprojekt-wuppertal.de

Neutzling Rainer & Burkhard Fritsche (1992). Ey Mann, bei mir ist es genauso! Cartoons für Jungen – hart an der Grenze vom Leben selbst gezeichnet. Köln: Volksblatt Verlag.

Powerchild (Hrsg.) (2008). E.R.N.S.T. machen. Sexuelle Gewalt unter Jugendlichen verhindern. Ein pädagogisches Handbuch. Köln: Verlag mebes & noack.

Pro Familia (Hrsg.) (2006). Herzflattern. Buchtipps für Jugendliche. Liebe. Sexualität. Freundschaft. München.

Renz Meral (2007). Sexualpädagogik in interkulturellen Gruppen. Infos, Methoden und Arbeitsblätter. Mühlheim an der Ruhr: Verlag an der Ruhr.

Rudolf-Jilg Christine (2009). Gegen sexuelle Übergriffe unter Jugendlichen. In: AJS Kompaktwissen. Aktion Jugendschutz Baden-Württemberg.

Schaffrin Irmgard & Wolters Dorothee (1993). Auf den Spuren starker Mädchen. Cartoons für Mädchen – diesseits von Gut und Böse. Köln: Volksblatt Verlag.

Schläfke u. a. (Hrsg.) (2005). Sexualstraftaten. Stuttgart: Schattauer Verlag.

Schmidt Gunter (1993). Jugendsexualität. Sozialer Wandel, Gruppenunterschiede, Konfliktfelder. Stuttgart: Ferdinand Enke Verlag.

Strohhalm e. V. (1996). Auf dem Weg zur Prävention. Berlin: Eigenverlag.

Unterstaller Adelheid (1999). Sexualisierte Gewalt durch Jungen und männliche Jugendliche – wahrnehmen, benennen, handeln. In: AMYNA e.V. (Hrsg.) Die leg ich flach. München: Eigenverlag, 11–28.

Von Hören Andreas (2008). Filme/n gegen die Ohnmacht. Mädchen produzieren Aufklärungsfilme gegen sexualisierte Gewalt. In: IzKK-Nachrichten. Heft 1/2008, 38–40.

Wahldén Christina (2004). Kurzer Rock. Frankfurt am Main: Fischer Taschenbuch.

Wanzek-Sielert Christa (2002). Sexualpädagogik. In: Bange Dirk & Körner Wilhelm (Hrsg.) Handwörterbuch sexueller Missbrauch. Göttingen: Hogrefe Verlag.

Weissbeck Wolfgang (2005). Therapeutische Besonderheiten bei Jugendlichen. Ein exemplarischer Verlauf. In: Schläfke u. a. (Hrsg.) Sexualstraftaten. Stuttgart: Schattauer Verlag.

Wolff-Dietz Ingrid (2007). Jugendliche Sexualstraftäter. Lengerich: Papst Science Publishers.

Parvaneh Djafarzadeh

Geschützter Rahmen, offene Haltung!

Präventionsarbeit mit Eltern mit Migrationshintergrund

In der Präventionsarbeit zu sexuellem Missbrauch an Mädchen und Jungen geht es u. a. um den wichtigen Aspekt, Mädchen und Jungen in allen sozialen, institutionellen und familiären Situationen vor sexueller Gewalt zu schützen, ohne ihre Entwicklung zu beeinträchtigen. Eine der wichtigsten Säulen der Präventionsarbeit ist die Arbeit mit Eltern bzw. wichtigen Bezugs- und Erziehungspersonen der Kinder. Eine wesentliche Grundlage der Prävention ist es, Kinder in ihren sozialen und emotionalen Kompetenzen zu stärken. Diese Grundlage kann bereits in der frühen Kindheit durch eine tragfähige Bindung in einer emotional sicheren Umgebung und einer reflektierten Erziehung gefördert werden. Der Familie[1] bzw. der Eltern-Kind-Beziehung kommt hierbei eine besondere Bedeutung zu.

Meine Erfahrung in der Elternarbeit zeigt, dass Eltern mit Migrationshintergrund genauso unterschiedlich sind wie deutsche Mütter und Väter. Es gibt Eltern, die eine eigene Vorstellung von der Erziehung haben und sie nicht so leicht in Frage stellen; es gibt Eltern, die ihre Erziehungshaltung sorgfältig überprüfen und sie optimieren wollen. Es gibt Eltern, die mit den Einflüssen der Umwelt auf ihre Kinder locker umgehen können, und es gibt wiederum welche, die versuchen, die Umwelt der Kinder selbst zu beeinflussen und zu überwachen. Gemeinsam ist all diesen Eltern das Interesse, ihre Kinder vor sexuellem Missbrauch zu schützen. Sie brauchen alle Unterstützung, Präventionsprinzipien zu verstehen, ihre eigene Rolle als Erziehungspersonen zu reflektieren, sich ihrer eigenen Verantwortung für den Schutz ihres Kindes vor sexueller Gewalt bewusst zu werden und die Prävention umzusetzen.

In diesem Beitrag geht es hauptsächlich um die Arbeit mit Eltern mit Migrationshintergrund, die kleinere Kinder bis Kinder im Grundschulalter haben, weil wir in diesem Bereich die meisten Erfahrungen sammeln konnten. Das bedeutet aber nicht, dass die Arbeit mit Eltern, die ältere Kinder haben, nicht notwendig ist. Sie sind jedoch schwerer erreichbar, da – wie bei deutschen Eltern auch – mit dem Alter der Kinder das Interesse an Elternabenden in der Schule oder Tagesstätte eher schwindet. Manche Aspekte in diesem Artikel können aber auch für den Umgang mit Eltern von älteren Kindern und Jugendlichen relevant sein.

Die Elternarbeit, die im Rahmen der Präventionsarbeit bei AMYNA stattfindet, teilt sich in einen allgemeinen und in einen interkulturellen Bereich. Die Inhalte unserer Angebote für Eltern differenzieren sich nach folgenden Schwerpunkten: sexueller Missbrauch, Möglichkeiten der Prävention, Sexualerziehung, sexuelle Übergriffe

---

[1] Mit „Familie" meine ich hier mindestens eine verantwortliche erwachsene Bezugsperson, die im privaten Rahmen für mindestens ein Kind die Sorge trägt. Im Folgenden spreche ich aus Gründen der sprachlichen Einfachheit von Müttern, Vätern oder Eltern; gemeint sind aber auch andere Bezugspersonen, die Mutter- oder Vaterfunktion für ein Kind haben.

unter Kindern. Darüber hinaus werden Elternabende auf Anfrage zu Themen angeboten, die in der anfragenden Institution gerade aktuell sind und die Eltern interessieren. Das Ziel unserer Elternarbeit ist, die Eltern zu informieren, ihre Fragen zu beantworten, ihnen den Austausch untereinander zu ermöglichen, ihnen zu ermöglichen, dass sie ihre Ängste und Unsicherheiten zum Thema sexueller Missbrauch bearbeiten, sie für das Thema Prävention kompetent zu machen und sie bei der Umsetzung zu unterstützen.

Wir finden es für Präventionsarbeit notwendig, dass die Eltern wissen, wie z. B. TäterInnen vorgehen und wie ihre Strategien aussehen, um ihnen durch gezielte Präventionsmaßnahmen etwas entgegen setzen zu können. Darüber hinaus müssen sie wissen, welche Faktoren das Risiko eines sexuellen Missbrauchs bei Kindern erhöhen, um diese Risiken soweit möglich in ihrer Umgebung vermeiden zu können. Die Bedeutung eines gut funktionierenden Vertrauensverhältnisses zu den Eltern sowie die elterliche Verantwortung in Bezug auf den Schutz der Kinder gehören ebenfalls zu den wichtigsten Themen, die in unseren Elternabenden behandelt werden.

Unsere „allgemeinen" Elternabende richten sich an alle Eltern unabhängig von ihrem kulturellen Hintergrund. Spezielle interkulturelle Elternabende richten sich hingegen an Eltern mit Migrationshintergrund. Im Folgenden wird dargelegt, warum ein spezifisches Angebot für Eltern mit Migrationshintergrund sinnvoll ist.

Geschützter Rahmen für Elternabende

Die Erkenntnisse der letzten Jahre in der Elternarbeit bei AMYNA bestätigen die These, dass spezielle Angebote für Eltern mit Migrationshintergrund sehr hilfreich sein können, damit sie sich ohne innere Widerstände und aktiv auf das Thema sexueller Missbrauch und Prävention einlassen können. Ein geschützter Rahmen, den geschlechterhomogene Gruppen wie z. B. Müttergruppen[2] oder kulturhomogene Veranstaltungen bieten, wird von MigrantInnen häufiger wahrgenommen. Das Ziel eines kulturhomogenen Elternabends ist, MigrantInnen die Möglichkeit zu geben, ihre Ängste vor möglichen negativen Einflüssen durch die Migrationsgesellschaft zu äußern und ihre Sorgen zum Ausdruck zu bringen, ohne das Gefühl, nicht verstanden zu werden oder sich für ihre Einstellung für mitgebrachte Werte und Normen rechtfertigen zu müssen. Im Rahmen des Elternabends werden diese Ängste, Sorgen und kulturell unterschiedlichen Werte und Normen ausreichend diskutiert und die Eltern werden zur Reflexion dieser Punkte angeregt.

Es gibt zwar viele Eltern mit Migrationshintergrund, die keine Probleme damit haben, sich einen Vortrag über sexuellen Missbrauch und Prävention anzuhören, auch wenn die TeilnehmerInnen heterogen sind. Es gibt jedoch auch eine nicht zu vernachlässigende Anzahl von Eltern, die zu so einem Vortrag eher nicht gehen würden. Die Widerstände dieser Eltern mit Migrationshintergrund basieren oft auf einem starken Schamgefühl, wenn es um das Thema Sexualität geht. Es ist gerade

---

[2] Mit einer reinen Vätergruppe hatten wir bis jetzt leider keine Erfahrung, u. a. weil wir kein entsprechendes Personal (männliche Kollegen) dafür haben. Wir möchten jedoch die Männer in der Präventionsarbeit durchaus dazu ermuntern, spezielle Angebote für Väter mit Migrationshintergrund zu entwickeln und umzusetzen.

deswegen wichtig, diese Gruppen von Eltern mit Migrationshintergrund, die eher aus traditionellen Zusammenhängen kommen und sich nicht (oder noch nicht) mit den Themen „Sexualität von Kindern", „Sexualerziehung" und „sexueller Missbrauch an Kindern" auseinandergesetzt haben, in der Präventionsarbeit zu erreichen.

Einige Mütter und Väter aus dieser Elterngruppe finden von sich aus keine geeignete Sprache für das Thema, um sich darüber auszutauschen. Begriffe, die in den Vorträgen unvermeidlich sind, wie z. B. Selbstbefriedigung, Genitalien oder Ähnliches beschämen diese Eltern oft, besonders wenn die Veranstaltung geschlechtsheterogen ist. In der Situation hilft es meistens, wenn der/die ReferentIn den TeilnehmerInnen vor dem Vortrag deutlich macht, dass ihm/ihr das Schamgefühl der TeilnehmerInnen bewusst ist und dass es respektiert wird. An dieser Stelle ist eine kleine Entschuldigung für diese Grenzverletzung angebracht, verbunden mit der Bitte um Verständnis dafür, dass es wichtig ist, zum Thema sexueller Missbrauch und Schutz der Kinder einige Dinge beim Namen zu nennen. Oft löst sich nach dieser Vorwarnung und Anerkennung der Schamgrenzen der Widerstand bei den TeilnehmerInnen, sich aktiv an Gesprächen zu beteiligen. Ohne dieses Prozedere entsteht bei manchen Eltern das Gefühl, der/die Referent/in verhält sich wie die Porno- oder Boulevardmedien scham- und rücksichtslos.

Offenheit für unterschiedliche Lernprozesse

Lernprozesse finden bei vielen Eltern mit Migrationshintergrund in Kommunikation und Austausch statt. Eine geschlechtshomogene und/oder kulturhomogene Gruppe kann hierfür den richtigen Rahmen bilden. Eine Frage wird oft solange diskutiert, bis alle das Gefühl haben, sich auf etwas geeinigt zu haben. Dieser Austausch hat bei migrierten Eltern, die in starken gemeinschaftlichen Zusammenhängen leben, auch den Charakter, sich eine gegenseitige Bestätigung dafür zu holen, dass das, was sie gesagt und gedacht haben und evtl. wie sie handeln, in Ordnung ist. Sie streben nach einer einigermaßen akzeptierten Übereinkunft; sonst würde der Rahmen nicht stimmen und sich die Skepsis verbreiten, ob die Aussagen wirklich richtig sind.

Diese Veranstaltungen können für viele ReferentInnen, die „disziplinierte" Vorträge gewöhnt sind, mühsam und anstrengend sein, weil es vorkommt, dass sie unterbrochen werden und sich oft Seitenäste anhören müssen, die aus ihrer Sicht nicht zum Thema zu gehören scheinen. Bei genauerer Betrachtung wird aber deutlich: In diesen „Seitenästen" werden z. B. viele Beispiele von erfahrenen sexuellen Missbrauchsfällen genannt, Täterstrategien durchschaut und das Thema reflektiert. Diese Diskussionen sind ein wichtiger Teil des Reflexionsprozesses und dürfen nicht verhindert werden, sondern müssen begleitet werden. Ein positiver Effekt bei der Aufmerksamkeit der TeilnehmerInnen kann beobachtet werden, wenn die Referentin/der Referent sich auch im Laufe des Vortrags auf diese Diskussionen und Beispiele bezieht.

Erziehungsfragen

In der Diskussion zum Thema Prävention oder Schutz der Kinder wird oft schnell klar, dass die Eltern noch viele Erziehungsfragen beschäftigen. Viele sind überrascht, wenn sie hören, wie wichtig die verbale Kommunikation mit Kindern auch im Babyalter ist. Sie erfahren oft in diesen Gesprächen zum ersten Mal, dass die bloßen Gebote oder Verbote, die sie ihren Kindern gegenüber aussprechen, ohne ihnen zu erklären, *warum* sie etwas tun oder unterlassen sollen, wenig hilfreich sind. Sie reflektieren oft ihren Umgang mit ihren Kindern laut und fragen z. B., ob es richtig sei, wenn sie darauf bestehen, dass sich ihr Kind nach dem Toilettengang gründlich sauber macht, oder ob diese Kontrolle nicht grenzüberschreitend sei. All diese offenen Gespräche wären ohne einen geschützten Raum mit einer Vertrauensatmosphäre und oft auch ohne eine/n Referentin/Referenten aus dem gemeinsamen kulturellen Zusammenhang nicht möglich.

In Erziehungsfragen werden Eltern, insbesondere Mütter, schnell verunsichert, wenn sie ratgeberartige Rezepte bekommen. Solche Rezepte führen die Erziehung zur Vereinfachung und Reduzierung. Darauf sollte möglichst verzichtet werden. Für Eltern, die selbst keine Erziehungsbücher lesen oder gar nicht lesen können, hat die Aussage der ReferentInnen großen Wert. Daher ist ein großes Verantwortungsbewusstsein angesagt, welche Informationen und Tipps weitergegeben werden. Es ist wichtig, die Eltern auch auf das hinzuweisen, was sie in ihrer Kindererziehung richtig machen. Die Anerkennung der Erziehungskompetenz motiviert viele Eltern, sich mehr für Erziehung zu interessieren, sich zu informieren und ihre Erziehungswege zu optimieren. Nötig ist deshalb ein umfassendes Wissen der Referentin/des Referenten zu traditionellen Erziehungsvorstellungen von Eltern mit Migrationshintergrund, damit in der Veranstaltung darauf Bezug genommen werden kann und in respektvoller Weise Wege der Erweiterung der eigenen Sichtweisen der Eltern aufgezeigt werden können. Beispielsweise können immer noch verbreitete Mythen wie „Ein Kind ist wie ein unbeschriebenes Blatt" angesprochen, gemeinsam mit den Eltern hinterfragt und dadurch vielleicht abgebaut werden.

Neben dem Thema Prävention von sexuellem Missbrauch brauchen also viele Eltern, besonders Eltern mit Migrationshintergrund, grundlegende Informationen zum Thema Erziehung. Diese müssen so konzipiert sein, dass sie auch entwicklungspsychologische Informationen, die für die elterliche Erziehung relevant sind, in verständlicher Weise vermitteln.

Sexualpädagogik

Es gibt viele Eltern mit oder ohne Migrationshintergrund, die in ihre Erziehung keine sexualpädagogischen Informationen oder neugierige Fragen der Kinder mit einbeziehen. Für viele dieser Eltern ist es schwer sich vorzustellen, dass Kinder auch sexuelle Wesen sind und ihre sexuelle Entwicklung Raum und Unterstützung braucht.

Manche Eltern mit Migrationshintergrund haben große Bedenken, wenn es um Sexualerziehung geht. Die Gründe dafür sind unterschiedlich und nicht bei allen gleich. Gründe dafür könnten sein[3]:

— das eigene Schamgefühl, über sexuelle Themen mit den eigenen Kindern zu sprechen

— Angst und Schamgefühl, offen zuzugeben, dass sie selbst Sexualität leben

— Angst vor Respektverlust, wenn sie über sexuelle Themen mit ihren Kindern sprechen;[4] vor allem Angst davor, dass Kinder diese Gespräche als Erlaubnis für freizügiges sexuelles Verhalten verstehen könnten

— Angst davor, dass ihre Kinder durch Sexualerziehung schädliche Informationen bekommen, die die Kinder nicht verstehen oder verarbeiten können

— eine Protesthaltung gegenüber der allgemeinen Enttabuisierung der Sexualität in öffentlichen Medien, Musik und auf dem Konsummarkt

Es ist oft schwierig, diese Eltern generell für die Sexualerziehung zu motivieren. Auf sexualpädagogische Informationen für ihre Kinder lassen sie sich eher ein, wenn ich ihnen erkläre, dass es für Präventionsziele wichtig ist, wenn Kinder gewisse Informationen über ihren eigenen Körper bekommen, z. B. welchen Zweck die einzelnen Körperteile erfüllen und welche Funktionen sie haben, verbunden mit der Botschaft, dass diese Körperteile nur den Kindern alleine gehören und niemand sie anfassen darf, wenn sie nicht wollen. Oft wollen sie zwar nicht selbst die Person sein, die ihren Kindern die sexualpädagogischen Informationen weitergibt, aber sie weichen im Laufe des Gesprächs auf und signalisieren Einverständnis, dass eine pädagogische Fachkraft (im Kindergarten oder in der Schule) diese Aufgabe übernimmt.

Es gibt zu viele Institutionen, die noch weit davon entfernt sind, ein Konzept für Sexualerziehung zu haben, geschweige denn, dies auch interkulturell zu gestalten. Auf alle Fälle empfiehlt es sich für Institutionen wie Kindertagesstätten und Schulen, altersgerechte sexualpädagogische Konzepte zu erstellen und umzusetzen und diese auch interkulturell zu überarbeiten. Dazu gehört als erstes bei den Eltern für eine Sexualpädagogik in der Einrichtung zu werben, ihnen den Sinn und die Bedeutung der Sexualaufklärung zu vermitteln, zu versuchen, sie davon zu überzeugen, dass es in der Sexualaufklärung nicht um Voyeurismus geht. Es geht nicht darum, den Kindern etwas zu zeigen oder beizubringen, was sie nicht wissen sollten oder was ihnen schadet. Es geht darum:

— den Mädchen und Jungen den Blick für den eigenen Körper zu erweitern,

— sie in ihrer sexuellen Selbstbestimmung zu stärken,

— sie in ihrer Verantwortung für den eigenen Körper zu stärken und für den Umgang mit anderen Mädchen und Jungen zu sensibilisieren,

---

[3] Diese Gründe werden z. T. von Eltern selbst im Rahmen unserer interkulturellen Elternabende als häufigste Gründe genannt; eigenes Schamgefühl, Überforderung der Kinder durch zu viele und nicht altersgemäße Informationen.

[4] Vgl. Cagliyan, 2006.

— ihnen zu vermitteln, dass sie ein Recht auf Schutz vor sexuellem Missbrauch und sexuellen Übergriffen haben und

— ihnen Raum für eine ungestörte, natürliche und selbstbewusste Sexualentwicklung zu ermöglichen.

— Allem voran geht es darum, dass Mädchen und Jungen eine geeignete Sprache finden, um ihre Gefühle auszudrücken und ihren Körper zu benennen, um sich mit ihren Themen oder Problemen an ihre Vertrauenspersonen wenden zu können.

Für all das brauchen Mädchen und Jungen die Unterstützung ihrer wichtigsten Bezugspersonen, mit denen sie tagtäglich zu tun haben und leben wie Eltern, ErzieherInnen und LehrerInnen etc.

In den Elternabenden merke ich oft, dass die sexualpädagogischen Bücher bei einem Großteil der Eltern nicht gut ankommen. Sie reagieren oft entsetzt auf Bilder mit z. B. offen gezeigten Genitalien, Männern und Frauen beim Geschlechtsverkehr oder Frauen bei der Geburt, wenn sie sich vorstellen, dass ihre Kinder sie zu sehen bekommen könnten. Es bedarf hier Sexualaufklärungsbücher, die mit „dezenteren" Zeichnungen versehen sind. Zumindest sollten die Eltern während des Elternabends auf die Darstellungen vorbereitet werden, die ihnen in diesem Rahmen gezeigt werden, und es sollte ihnen nahegebracht werden, warum diese Informationen für die Kinder wichtig sind.

Elternarbeit mit Eltern von Jugendlichen

Wie schon anfangs erwähnt wurde, fragen meist Eltern von kleineren Kindern im Kindergarten- und Grundschulalter einen Elternabend bei uns an. Aber auch für Eltern von Jugendlichen wäre es wichtig, sich mit sexuellem Missbrauch und Prävention auseinanderzusetzen. Meistens scheinen den Eltern von Jugendlichen die Gefahren des sexuellen Missbrauchs komplizierter und unberechenbarer als bei kleineren Kindern. Mag sein, dass manchen Eltern Prävention in diesem Alter etwas zu spät angesetzt zu sein scheint. Um die Unsicherheiten im Umgang mit den Themen sexuelle Gewalt und Präventionsmöglichkeiten anzugehen, ist es jedoch nie zu spät. Auch die jugendlichen Töchter und Söhne brauchen Unterstützung, um selbstbewusst für sich einzustehen, unangenehme Berührungen abzuwehren, sexuellen Missbrauch und Täterstrategien zu durchschauen oder z. B. Entscheidungen für ihre Beziehungen zu ihren Freunden und Freundinnen oder für ihre anderen Kontakte zu treffen. In jedem Fall brauchen sie Begleitung für den Übergang in das Erwachsenenleben.

Die weitere Entwicklung der Kinder, Pubertät, erste Liebe oder Liebeskummer sind in diesem Alter Themen, die die Eltern an ihre Grenzen bringen können. Eltern, die Kinder im jugendlichen Alter haben, die z. B. in der Pubertät sind oder aktuell erhöhte Aufmerksamkeit auf Liebe und ihre Liebesbeziehung haben, fragen sich oft, ob sie ihre Kinder noch richtig verstehen, ob sie ihre Probleme nachvollziehen können und ob sie einen Weg finden, belastende Themen mit ihnen zu besprechen, ohne ihnen zu nah zu treten und ohne, dass das Gespräch in einen Konflikt ausartet. Beispielsweise fragen sich manche Eltern, wie sie ihre Kinder bei einem

Discogang oder bei Unternehmungen mit FreundInnen zur Vorsicht mahnen können, ohne dass diese es als allgemeines Misstrauen der Eltern gegenüber den FreundInnen oder als wenig Vertrauen gegenüber den eigenen Kindern verstehen. Eltern können für all diese Themen und Fragen in einem Elternabend Unterstützung bekommen. Und wenn zu der ganzen Themenpalette noch Belastungen wie sexueller Missbrauch hinzukommen, kann ein unterstützender Informationsabend für Eltern eine große Entlastung sein. Wenn sich Eltern früh genug über das Thema sexueller Missbrauch und Prävention informiert haben, fällt es ihnen u. U. auch leichter mit einem tatsächlichen sexuellen Missbrauch umzugehen.

Vor allem brauchen auch Jugendliche Hilfe und Unterstützung, wenn sie mit sexueller Gewalt konfrontiert werden. Um ggf. mit diesem Erlebnis fertig zu werden, brauchen sie mehr denn je Vertrauensbeziehungen zu ihren nächsten Bezugspersonen, i. d. R. zu ihren Eltern.

Eltern mit Migrationshintergrund, die sich um ihre Töchter und Söhne Sorgen machen, dass diese in der Migration mit anderen Normen und Werten in Kontakt kommen, die die Familie oder die Community nicht vertritt, brauchen ebenfalls die Möglichkeit, diese Sorgen auszusprechen und sich auszutauschen. Vor allem können Elternabende in den genannten Rahmenbedingungen dazu beitragen, dass sie einige ihrer Vorstellungen hinterfragen und reflektieren.

Diese und viele andere Themen machen es deutlich, wie wichtig Elternarbeit auch mit Eltern von Jugendlichen ist.

Zusammenfassung

Präventionsarbeit mit Eltern mit Migrationshintergrund, die in traditionell geprägten Zusammenhängen leben, muss anders gestaltet sein als die sonst übliche Elternarbeit. Da in dieser Arbeit viele Tabus berührt werden, die an die Schamgrenze der Eltern gehen können, bedarf es geschützter Rahmenbedingungen, die die Gefühle dieser Eltern mit berücksichtigen. Dazu gehören möglichst geschlechts- und kulturhomogene Elterngruppen, ein offener Lern- und Reflexionsrahmen, ReferentInnen mit einem ähnlichen kulturellen Background oder ReferentInnen mit Erfahrung in kultureller Vielfalt, die sich mit sicherem Gefühl und offener Haltung auf „Andersartigkeiten" einlassen können, sowie sexualpädagogische Bücher und Materialien mit dezenten Zeichnungen.

Darüber hinaus ist es wichtig, die Eltern mit erziehungstheoretischen Grundsätzen vertraut zu machen und sie in ihrer Erziehungskompetenz zu unterstützen.

Bei geeigneten Rahmenbedingungen und gelungener Elternarbeit können durchaus aufbauende und anerkennende Rückmeldungen kommen, wie es einmal eine türkische Mutter von vier fast erwachsenen Kindern formuliert hat: „Mir tun meine Kinder im nachhinein leid, dass ich sie ohne dieses wertvolle Wissen über Erziehung großgezogen habe. Ich nehme jetzt nur aus Interesse an diesen Veranstaltungen teil, damit ich meinen Kindern sagen kann, wie sie es später mit ihren eigenen Kindern besser machen können", oder das Feedback eines Vaters, der nach einem Vortrag sagt: „Ich bin ein sehr strenger Vater und würde gerne mit Ihnen über meine Kindererziehung sprechen".

Literatur

Cagliyan Menekse (2006). Sexuelle Normenvorstellungen und Erziehungspraxis von türkischen Eltern der ersten und zweiten Generation in der Türkei und in Deutschland. Berlin: LIT Verlag.

Christine Rudolf-Jilg

Verletzliche Patenkinder

Prävention von sexuellem Missbrauch in Patenschaftsprojekten

Die Mitarbeiterin eines Patenschaftsprojekts für Kinder mit Migrationshintergrund erlebt immer wieder, dass sich auch Leute als PatInnen „bewerben", die „andere" Motive haben als nur den Wunsch, benachteiligte Kinder zu unterstützen. Als sich ein älterer Mann bei ihr und in einem zweiten Termin bei einer neuen Patenfamilie vorstellt, fällt ihr auf, dass er bei der Frage nach dem polizeilichen Führungszeugnis nervös wirkt und er dem Patenkind (einem Jungen) im Verlauf des Kennenlernkontaktes scheinbar beiläufig einen Klaps auf den Po gibt. Außerdem nimmt sie wahr, dass er sich in diesem Kontakt fast ausschließlich auf das Kind konzentriert und die ebenfalls anwesende Mutter fast völlig ignoriert. Sie überprüft seine Referenzen über das Internet und findet einige Unstimmigkeiten. Sie wendet sich an AMYNA mit der Bitte um Unterstützung. Sie fragt an, ob es Tipps für die Auswahl von PatInnen gibt und was getan werden kann, damit pädokriminelle Menschen nicht als PatInnen ausgewählt werden. Dem betreffenden Mann hat sie vorsichtshalber erstmal eine Absage erteilt, möchte das Problem jedoch grundsätzlicher bearbeiten. Ist diese Mitarbeiterin übervorsichtig? Oder sind ihre Sorgen und Vorsichtsmaßnahmen berechtigt?

Gründungsboom bei Patenschaftsprojekten

Patenschaftsprojekte sind in den vergangenen Jahren wie Pilze aus dem Boden geschossen. Susanne Huth von der InBas Sozialforschung sprach anlässlich eines Kongresses 2008 in Berlin von einem „Gründungsboom" bei Patenschaftsprojekten in den letzten 5 Jahren[1].

Die Idee von Patenschaften gibt es seit Jahrtausenden. Fast alle Kulturen kennen Patenschaften von Erwachsenen, die das Kind bzw. den/die Jugendliche/n auf dem Weg ins Erwachsensein begleiten. Kinder, die getauft werden, haben in der Regel einen Taufpaten bzw. eine Taufpatin, die traditionell nicht nur Geschenke machen, sondern auch am Leben des Kindes Anteil nehmen sollten – was heute häufig nicht mehr umgesetzt wird. Hier setzen die neuen Patenschaftsprojekte an.

Das Themenspektrum ist heute breit gefächert. Es reicht von Familienpatenschaften, über Patenschaften für Kinder unterschiedlichen Alters, hin zu Lernpatenschaften für SchülerInnen, Job- bzw. Ausbildungspatenschaften, umfasst aber auch Karrierepatenschaften für Nachwuchskräfte und Besuchsdienste für alte bzw. gebrechliche Menschen.

---

[1] http://www.aktion-zusammen-wachsen.de/data/downloads/webseiten/Praesentation_SusanneHuth.pdf 30.03.2009.

Thema dieses Artikels werden die Patenschaften sein, deren Zielgruppe vornehmlich Kinder und Jugendliche in sogenannten 1:1-Kontakten sind, also eine Patin oder ein Pate in Kontakt mit einem Kind oder Jugendlichen. Gefahren in den anderen Patenschaftsbereichen sollen nicht geleugnet werden und bedürfen sicherlich ebenfalls (an anderer Stelle) genauerer Betrachtung.[2]

Akteure bei der Entwicklung dieser Angebote sind sowohl große Träger, wie z. B. Caritas, Diakonie oder Paritätischer, aber auch Kommunen, kleine Vereine und Verbände.

Patenschaftsprojekte sind „in" und werden breit gefördert und unterstützt, sei es durch EU-Mittel, sei es durch Mittel von Bund, Land oder Kommune, sogar zahlreiche Stiftungen stellen Gelder zur Verfügung, um die Entwicklung und den Ausbau von Patenschaftsprojekten zu unterstützen. Versprechen sie doch (finanzierbare) Lösungen für den Funktionsverlust von Familien im Bereich der Bildung und Versorgung, für die zunehmenden Anforderungen in der Schule und beim Berufseinstieg, für in unserer Gesellschaft deutlich benachteiligte Personengruppen und deren Angehörige, wie Arbeitslose, (psychisch) Kranke, Menschen mit Migrationshintergrund usw. „Sie zielen so gesehen darauf ab, die Verluste und Defizite durch die Bildung neuer außerfamiliärer Beziehungen auszugleichen", beschreibt ein Flyer des Paritätischen in Hessen[3] die Chancen von Patenschaftsprojekten.

Was ist nun das Besondere an Patenschaftsprojekten für Kinder und Jugendliche?

„«Das Besondere?» Nach einer langen Pause und einem tiefen Seufzer erklärt Birk Erdmann zögerlich: «Dass er immer für mich da ist.» Mit er meint der 18-Jährige seinen Paten Martin Bücher. «Er ist jemand, der sich auskennt, Erfahrung hat – und gut in Mathe ist.» Das sei seine Mutter nämlich nicht. Birk war zwölf, als seine Mutter, alleinerziehend mit drei Kindern, sich nach einem Paten für ihn umgesehen hat. Martin Bücher war anfangs noch ein Fremder, und das war, wie Birk sagt, erst mal gewöhnungsbedürftig. «Inzwischen kennen wir uns gut.» Pate und Patensohn haben sich jede Woche getroffen und etwas unternommen. Vor allem Sport, erzählt Birk, sogar den Halbmarathon seien sie zusammen gelaufen. Das verbindet. Birk hat seinen Paten über «Biffy» gefunden. Der «Berliner Verein Big Friends for Youngsters» vermittelt seit sechs Jahren Patenschaften in Deutschland."[4]

Neben diesem Verein finden sich in der Datenbank „Patenschaften-Aktiv" derzeit 594 Einträge für Organisationen, die Patenschaften vermitteln und begleiten.[5] Die Aufgaben der Organisationen sind vielfältig. Neben der Gewinnung geeigneter

---

[2] So ist die Gefahr von sexuellem Missbrauch durch PatInnen im Rahmen von Familienpatenschaften durchaus gegeben, wenn z. B. die junge Familie Angebote des Babysittens durch den Paten bzw. die Patin nutzt. Aber auch SchülerInnen in einer Abschlussklasse, die von einem Jobpaten unterstützt werden, befinden sich häufig in einer Situation, die (auch) ausgenützt werden kann. Sexuelle Übergriffe gegenüber älteren und gebrechlichen Menschen sind ebenfalls bekannt und können natürlich auch im Rahmen von Patenschaften geschehen.

[3] http://www.paritaet.org/hessen/newsletter/nl_0307_patenprojekte_flyer.pdf 30.03.2009

[4] Auszug aus einem Artikel in der taz vom 23.10.2007
www.taz.de/1/leben/alltag/artikel/1/mutter-pate-kind.

[5] Stand: 30.03.2009.

Patenkinder und PatInnen geht es um eine Auswahl von Patenkind und Pate bzw. Patin sowie das sogenannte Matching, d. h. die passgenaue Zusammenstellung eines „Paares". Die Schulung von PatInnen sowie die Information und die Beteiligung der Eltern ist ebenso Aufgabe der betreuenden Organisation wie die Beratung und Unterstützung von Patenkind und Pate bzw. Patin in Krisenzeiten und bei auftauchenden Problemen. So nimmt es nicht wunder, dass es mittlerweile umfassende Konzepte für die Vermittlung von Patenschaften und dazu gehörende Qualitätsstandards und Qualitätssicherungsprozesse gibt.[6]

„Benachteiligte" Zielgruppen

Zielgruppen der Patenschaften sind (wie oben bereits beschrieben) vor allem Kinder und Jugendliche, die als sozial benachteiligt in unserer Gesellschaft gesehen werden. Daher gibt es Bildungspatenschaften für Kinder und Jugendliche, die schulische Schwierigkeiten haben, Patenschaften für (junge) Mütter und ihre Neugeborenen, Patenschaften für Kinder psychisch kranker Eltern, Patenschaften für (minderjährige) Flüchtlinge und sozial benachteiligte Kinder aus Familien, in denen die Eltern arbeitslos oder aus anderen Gründen sehr arm sind, Patenschaften für Kinder aus Migrantenfamilien[7], Patenschaften für Jugendliche ohne Schulabschluss usw. Auch alleinerziehende Frauen bewerben sich häufig für eine Patenschaft für ihr Kind, häufig schon deswegen, damit das Kind eine konstante männliche Kontaktperson bekommt.

Die PatInnen sind für die Kinder manchmal sogar eine Art Familienersatz, möglichst immer aber Vertrauensperson und Begleitung durch eine häufig schwierige und manchmal sogar feindlich erlebte Umwelt. Die Kontakte reichen von wenigen Wochenstunden hin zum „Rund um die Uhr-Einsatz" bei Krisen im Elternhaus, etwa wenn für eine alleinerziehende Mutter, die psychisch krank ist, ein Krankenhausaufenthalt erforderlich wird.

Kinder profitieren von diesen Patenschaften deutlich, wie der Forschungsbericht von Müller-Kohlenberg u. a. zeigt, die das Projekt „Balu und Du"[8] evaluierte.

Im Projekt „Balu und Du" begleiten junge MentorInnen (die „Balus", 18–30 Jahre) jeweils ein Kind (das „Mogli", 6–10 Jahre) ein Jahr lang mit wöchentlichen Einzelkontakten, die an den Interessen der „Moglis" ansetzen sollen. Die Lehrkraft des jeweiligen Kindes schlägt es für eine Projektteilnahme vor, wenn sie sich „Sorgen um dieses Kind macht". Gründe dafür sind u. a. Vernachlässigung zuhause, Isolation in der Kindergruppe, Konzentrationsschwächen, dass ein Kind andere mobbt oder selbst Mobbingopfer ist, aggressives Verhalten usw. In der Untersuchung von Müller-Kohlberg wurden nun u. a. 24 Verhaltensdimensionen (OSKAR-Skala)

---

[6] Siehe auch www.aktiv-zusammenwachsen.de.

[7] Lt. Patenatlas der Aktion „Zusammen-Wachsen", die von der InBas-Sozialforschung 166 Patenschaftsprojekte in Deutschland untersuchen ließ, liegt der durchschnittliche Anteil der Menschen mit Migrationshintergrund in den untersuchten Patenschaftsprojekten bei rund drei Viertel der 15.000 Kinder, Jugendlichen und Eltern.

[8] Vgl. http://www.balu-und-du.de/fileadmin/user_upload/PDFs/Balu_2008.pdf 30.03.2009.

verglichen, die von den LehrerInnen vor und nach Ende des Projekts eingewertet wurden. Festgestellt wurden bei 19 der 24 Verhaltensdimensionen bei allen Kindern erkennbare Effekte in die gewünschte Richtung, davon 4 mal mit hoher Effektstärke, d. h. die Patenschaft hatte das Kind in einer Weise verändert, die die Lehrkraft als positiv bewertete. Bei den Kindern hatte sich z. B. die Fähigkeit Konflikte kompetent zu bewältigen, die Bereitschaft Kritik annehmen zu können, die Konzentrationsfähigkeit sowie die Integration der Kinder in die Klasse, aber auch zum sozialen Umfeld außerhalb der Schule und ihre Kommunikationsfreude signifikant verbessert. Müller-Kohlenberg bewertet die Ergebnisse als „ermutigend", da sie in einigen Dimensionen sogar die Effektstärken professioneller Therapieprogramme übertreffen.[9] Es handelt sich also um ermutigende Ergebnisse, die einladen, Patenschaftsprojekte auszuweiten und vielen benachteiligten Kindern zugänglich zu machen.

PatInnen gesucht

PatInnen finden sich zunehmend. Immer mehr (auch junge) Menschen möchten einen (ehrenamtlichen) Beitrag dazu leisten, unsere Gesellschaft ein Stückchen gerechter zu machen. Ältere Menschen wollen häufig zurückgeben, was sie selbst positiv erleben durften, eine unbeschwerte Kindheit und Jugend und aufmerksame und unterstützende Erwachsene, die sie begleiteten auf dem Weg ins Erwachsenenalter. Manche Menschen im mittleren Lebensabschnitt wollen ihrem Leben neben Karrierestreben und Freizeit auch einen „Sinn" geben und suchen nach einer Aufgabe, die sie selbst bereichert und für die sie keinen Lohn (im Sinne von Geld) verlangen.

Spezielle Gefährdungen in Patenschaftsprojekten

Die allermeisten Patinnen und Paten handeln aus lauteren Motiven, aus dem Wunsch sich sozial zu engagieren und die Gesellschaft positiv zu verändern. Es gibt jedoch auch Menschen, die den Rahmen von Patenschaftsprojekten für sexuelle Übergriffe und sexuellen Missbrauch von Kindern und Jugendlichen nutzen. Erkenntnisse aus der TäterInnenforschung sowie aus der Praxis der Präventions- und Interventionsarbeit liefern hierzu Informationen:

Sexueller Missbrauch findet nur selten durch sogenannte FremdtäterInnen statt, meist sind die TäterInnen den Kindern und Jugendlichen bekannt. Aus der Täterforschung wissen wir, dass TäterInnen Kinder und Jugendliche in der Regel gezielt auswählen und dann während des sogenannten „Groomingprozesses"[10] den Kontakt aufbauen und die Übergriffe vorbereiten. Dabei schätzen sie ein Umfeld, das die Kinder nicht ausreichend schützen kann, sei es aus Unwissenheit, sei es

---

[9] Vgl. ebd.

[10] Siehe auch Artikel „Prävention geht alle an!" in diesem Buch, S. 7.

aus mangelndem Selbstbewusstsein, sei es aufgrund fehlender eigener Schutz-kompetenzen[11].

Kinder, die bedürftig sind, die also aufgrund mangelnder emotionaler Zuwendung in der Familie, mangelnder materieller Ressourcen im Elternhaus, mangelnder Ausbildung von Selbstwertgefühl und Selbstbewusstsein usw. froh darüber sind, wenn sich ihnen jemand ausschließlich und aufmerksam, anfangs meistens auch liebevoll zuwendet – diese Kinder können sich noch weniger als andere Kinder selbst vor planvoll vorgehenden TäterInnen schützen.

TäterInnen wissen um die Strafbarkeit des eigenen Tuns und tun alles, um eine Aufdeckung von sexuellem Missbrauch zu verhindern. Nach dem Aufbau eines tragfähigen emotionalen Kontakts, bei dem sie Vertrauen herstellen und nebenbei Wünsche, Bedürfnisse und Hoffnungen des Kindes ausforschen, beginnen sie mit kleinen Grenzverletzungen vorsichtig auszuloten, wie stark der Widerstand des Kindes ist. Ein „versehentliches" Streifen der Brüste bei jungen Mädchen, der Klaps auf den Po bei einem Jungen, das „versehentliche" Öffnen der Badtür beim Duschen, all dies kann schnell bagatellisiert werden und rechtfertigt alleine noch keine Anzeige. Kleine Aufmerksamkeiten, die an den (vorher ausgeforschten) Interessen, Hobbies und Wünschen der Kinder andocken, festigen die Beziehung weiter.

Hier kann es bereits zu ersten sexuellen Übergriffen kommen, was ein Bericht einer Fortbildungsteilnehmerin illustrieren soll: Ein Junge, der Schokolade liebt, diese jedoch zuhause nicht häufig essen darf, erhält von einem Bekannten einen „Schokoladenpenis" geschenkt, den der Täter selbst „versehentlich" so gekauft hat. Der Junge schwankte zwischen der Lust auf (heimliche) Schokolade und der Irritation, dass diese in Penisform und „eklig" ist. Andere Varianten desselben bösen Spieles sind z. B. die Erlaubnis heimlich mit dem Täter Alkohol zu trinken, ein (verbotenes) Computerspiel zu spielen o. ä.

Parallel beklagen sich Täter häufig in dieser Phase des Groomings gegenüber den anderen (sorgeberechtigten) Erwachsenen, dass das Kind durch seine Distanz-losigkeit auffalle („klebt an mir wie eine Klette") oder es mit der Wahrheit nicht so genau nehme („lügt wie gedruckt") und sichert sich so gegen eine eventuelle Auf-deckung durch das Kind vorab ab.

Die Steigerung der Übergriffe hält der Täter meist in der Waagschale mit positiver Zuwendung bzw. später auch Drohungen gegenüber dem Kind. Drohungen werden mit Wissen über familiäre Zusammenhänge oder Verbotenem, das das Kind selbst getan hat, verbunden („Wenn das rauskommt, musst du ins Heim", „Dann kommt auch raus, dass du Alkohol getrunken hast" usw.). Kinder, aber auch Jugendliche durchschauen das perfide Vorgehen von TäterInnen meist erst, wenn es zu massi-veren sexuellen Übergriffen kommt und haben dann häufig ein Gefühl der

---

[11] Eine beschränkte Möglichkeit, ihre Kinder umfassend vor Gefahren zu schützen, ist bei Eltern dann eher zu vermuten, wenn sie zeitweise selbst mit ihrem eigenen Leben überfordert sind, so z. B. bei Menschen mit einer psychischen Erkrankung, bei Menschen, die arbeitslos und sehr arm sind, bei Menschen, die als Flüchtlinge in unser Land kommen usw.

Mitschuld, das vom Täter systematisch genährt wird („Als du die Schokolade gegessen hast, hab ich das als Signal verstanden, dass du es selbst auch willst").

Alle Kinder sind solchen Strategien ohne die Hilfe und Unterstützung Erwachsener in der Regel daher schutzlos ausgeliefert, da es für sie kaum möglich ist, solche Strategien zu durchschauen. Manche Kinder verfügen jedoch über eine im Vergleich mit anderen Kindern noch geringere Fähigkeit des Selbstschutzes.

Gerade die Gruppen von Kindern und Jugendlichen, für die Patenschaftsprojekte entwickelt werden, verfügen vermutlich in der Regel sogar über deutlich reduzierte Selbstschutzfähigkeiten, die Schutzfähigkeit der Eltern ist vermutlich meist ebenfalls verringert. Untersuchungen belegen ein erhöhtes Risiko sexuell missbraucht zu werden z. B. für Kinder mit Behinderung (v. a. auch seelische Behinderung) und Kinder, die familiale Gewalt erleben mussten usw. Vermutet wird ein erhöhtes Risiko auch für Kinder mit Migrationshintergrund, Untersuchungen dazu liegen jedoch bislang für den deutschen Sprachraum nicht vor.

Alle oben beschriebenen Täterstrategien greifen, so darf man vermuten, bei der Zielgruppe, die für Patenschaftsprojekte ausgewählt wird, besonders gut, gehören viele Bestandteile der Täterstrategien doch sogar zu den wünschenswerten Anforderungen an PatInnen. Sie sollen tragfähige Vertrauensbeziehungen zu „ihrem" Patenkind aufbauen. Sie sollen sich für die Wünsche, Hoffnungen, Interessen des Patenkindes interessieren. Sie sollen die Schwächen der Familie kennen und genau dort unterstützen. Häufig wird vorausgesetzt, dass sie für Kinder Patenschaften übernehmen, die aufgrund frühkindlicher Defiziterfahrungen eine Nähe-Distanz-Problematik mitbringen oder andere Verhaltensauffälligkeiten aufweisen. Viele Kinder haben in ihrer Sozialisation in Elternhaus und Schule weder gelernt, dass sie Respekt und Achtung verdienen, noch dass ihnen geholfen wird, wenn sie sich über Erwachsene beschweren.

Sind Patenschaftsprojekte also ein „El Dorado" für Pädokriminelle? Auf den ersten Blick scheint es so zu sein. Weder lassen die von den Trägern erarbeiteten Qualitätsstandards für Patenschaftsprojekte eine Sensibilität für das skizzierte Problem erkennen, noch sind ersten Recherchen zufolge spezifische Maßnahmen ersichtlich, die bei der Gewinnung, der Auswahl, dem Matching und der Begleitung in Patenschaftsprojekten gezielt genutzt werden, um den Schutz von Kindern und Jugendlichen vor sexuellem Missbrauch sicherzustellen.

Mögliche Präventionsmaßnahmen

Patenschaftsprojekte sind in der Regel positiv zu bewerten und sinnvoll, wenn verantwortungsvolle Erwachsene Kinder und Jugendliche begleiten, sie unterstützen und dafür sorgen, dass ein Grenzen achtender und respektvoller Umgang mit den Kindern gepflegt wird. Daher kann es an dieser Stelle nicht darum gehen, Patenschaftsprojekte grundsätzlich in Frage zu stellen, allerdings muss schnellstmöglich flankierend für diese Projekte sichergestellt werden, dass die Kinder in Patenschaften bestmöglich vor sexuellen Übergriffen geschützt sind. Bisherige Qualitätsstandards, wie sie für Patenschaftsprojekte bereits formuliert wurden, wirken z. T. bereits präventiv und werden daher im Folgenden nicht zusätzlich beschrieben[12]. Zahlreiche Maßnahmen sind in der Prävention aus dem Themenfeld „Missbrauch in Institutionen" bekannt und bereits auf die Arbeit mit Ehrenamtlichen (v. a. in der Kinder- und Jugendarbeit[13]) übertragen worden. Sie stehen daher auch für den Einsatz in Patenschaftsprojekten zur Adaption zur Verfügung.

Im Folgenden sollen mögliche Präventionsmaßnahmen für die einzelnen Stufen in einem Patenschaftsprojekt beschrieben werden.

Gewinnung von PatInnen

Der Prozess der Gewinnung von PatInnen läuft, im Sinne des Kinderschutzes, umso besser, je deutlicher den mit der Auswahl betrauten Fachkräften die Zielgruppe vor Augen ist, die es zu gewinnen gilt. Hier ist es für die Projekte sinnvoll, bereits in ersten Ausschreibungen und in die gesamte Öffentlichkeitsarbeit „Prävention von sexuellem Missbrauch" einzubetten. Dies kann mit wenigen (auch positiv) formulierten Sätzen geschehen, die die Qualität und Sorgfalt, die bei der Auswahl eine Rolle spielen, hervorheben.

Im ersten Informationsgespräch kann bereits angesprochen werden, wie wichtig dem Projektträger der Schutz von Kindern und Jugendlichen vor sexuellem Missbrauch ist. In diesem Rahmen können auch Maßnahmen erwähnt werden, die die Kinder und Jugendlichen vor Übergriffen schützen sollen.

Sinnvoll ist es (weil die Thematisierung abschreckend auf potenzielle TäterInnen wirkt) einen Verhaltenskodex für alle PatInnen einzuführen, der auch vor Aufnahme der Patenschaft unterschrieben werden muss.[14]

Auswahl von PatInnen

Im Auswahl- bzw. Bewerbungsgespräch kann erwähnt werden, dass einzelne Kinder und Jugendliche möglicherweise ein Nähe-Distanz-Problem haben und gefragt werden, wie die PatInnen damit umgehen wollen; dies kann u. U. helfen, zu distanzlose Erwachsene auszusortieren.

Zusätzlich empfehlen wir, sich von den BewerberInnen Referenzen aus vorherigen ehrenamtlichen Tätigkeiten nennen zu lassen, die dann natürlich auch überprüft werden müssen.

Manchmal hat man/frau jedoch selbst nach einem „korrekt verlaufenen" Auswahlgespräch nicht mehr als ein „ungutes Gefühl" in Bezug auf einen Menschen. Dies zu ignorieren wäre unklug und fahrlässig, wenn es darum geht, verantwortlich jemanden auszuwählen, der in eine 1:1-Betreuung mit einem Kind gehen soll. Daher ist es sinnvoll und richtig, vorsichtig und zur Not auch mal „übervorsichtig"

---

[12] Vgl. die Qualitätssicherung für Patenschaftsprojekte unter
http://www.aktion-zusammen-wachsen.de/data/downloads/webseiten/PosterQualitaetskriterien.pdf
30.03.2009. Hier werden z. B. bereits für die Auswahl von PatInnen Kriterien benannt, und für die Patenschaftszeit Konfliktbearbeitungsmodelle vorgestellt.

[13] Vgl. z. B. das Projekt PräTect des Bayerischen Jugendrings unter www.praetect.de.

[14] Vgl. auch Artikel „Prävention geht alle an!" in diesem Buch, S. 7.

zu reagieren und eine Patenschaft nicht beginnen zu lassen, auch wenn (noch) keine belegbaren Fakten dagegensprechen. Das Verhalten der im Eingangsbeispiel erwähnten Mitarbeiterin ist also sachlich sinnvoll und korrekt.

Probephase

Ein Präventionsstandard könnte es sein, die PatInnen stufenweise einzusetzen, d.h. neue PatInnen nicht sofort in einen 1:1-Kontakt zu schicken, sondern erst eine Hospitation in einer Gruppenbetreuung zu ermöglichen, dann eine eigene Gruppenbetreuung zu vergeben und erst nach tadellosem Verhalten in den ersten beiden Phasen eine 1:1-Situation zuzulassen. Es ist für potentielle TäterInnen nicht attraktiv, wenn sie z. B. fast 6 Monate warten müssen, bis sie ein Kind alleine betreuen können.

Zielvereinbarungen zwischen PatInnen und Patenkindern

Je genauer Pate bzw. Patin und Patenkind die Ziele der Patenschaft beschreiben und formulieren, aber auch definieren, was nicht erwünscht ist, desto transparenter und damit sicherer ist die Patenschaft ausgelegt. Schutzvereinbarungen, die in die Zielvereinbarung integriert sind, wie z. B. „wir treffen uns immer bei dir oder in öffentlichen Räumen, nie bei mir" oder aber „wenn du bei mir übernachtest, hast du ein eigenes Zimmer, das ich nicht betreten werde" stellen sicher, dass auch für das Patenkind Grenzüberschreitungen der PatInnen erkennbar sind. Aber auch die PatInnen stehen mit klaren Vereinbarungen „auf der sicheren Seite", da sie alle missverständlichen Situationen von vornherein vermeiden. Die MitarbeiterInnen des Patenschaftsprojektes sind gefordert, diese (z. T. sicherlich individuellen) Vereinbarungen zu moderieren und zu begleiten und gleichzeitig selbst eine klare Vorstellung davon zu haben, was in Ordnung ist und was nicht.

Ausschlusskriterien für PatInnen

Die Vorlage eines unauffälligen polizeilichen Führungszeugnisses ist bereits Qualitätsstandard für die meisten Patenschaftsprojekte.[15] Angegebene fehlerhafte Referenzen sollten als Ausschlusskriterium gewertet werden.

Wenn die Verantwortlichen eines Patenschaftsprojekts jemanden nicht auswählen wollen, müssen sie – was manchen sicher schwerfällt – auch Absagen erteilen. Begründet werden kann dies z. B. mit einer nicht ausreichenden Distanzierung gegenüber den Problemen des Kindes. PatInnen würden sich ja selbst permanent überfordern, wenn sie sich zu sehr auf die Probleme des Kindes einlassen. Wenn hingegen konkrete Anhaltspunkte vorliegen, (wie z. B. nicht korrekte Referenzen) ist es sinnvoll, dies auch als Absagegrund zu benennen.

---

[15] Wobei es wichtig ist zu wissen, dass Führungszeugnisse nur Informationen über Straftaten gegen die sexuelle Selbstbestimmung enthalten, die vor Gericht kamen und mit einer Verurteilung endeten, d. h. sie können keine letztendliche Sicherheit darüber herstellen, ob jemand bisher unbemerkt oder unbewiesen Kinder oder Jugendliche sexuell missbraucht.

Patenschaftszeit

Da es für Kinder schwierig ist, Erwachsenen klare Grenzen zu setzen, sollte die Patenschaft erst einmal auf einige Monate (maximal ein halbes Jahr) befristet werden. So ist sichergestellt, dass eine Beendigung der Patenschaft vom Kind keine zu starke Abgrenzungskompetenz verlangt. In Einzelgesprächen kann dann von der Vermittlungsstelle geprüft werden, ob eine erneute Vermittlung derselben Personen in Frage kommt. Aber auch bei mehrmaligem Matching desselben „Paares" ist zur Vorsicht zu raten; eine erneute Auswahl muss immer wieder sorgfältig geprüft werden.

Unterstützung der PatInnen

Pate werden ist nicht schwer, Pate sein dagegen sehr? Auch wenn zahlreiche Prüfprozesse der Vermittlung eines Patenkindes vorgeschaltet sind und damit der Weg dahin, Pate bzw. Patin zu werden, nicht allzu einfach ist, soll doch nicht verhehlt werden, dass PatInnen auch während der Patenschaft immer wieder Unterstützung benötigen.

Wichtig ist es sicherlich, regelmäßig mit ihnen den Kontakt zum Kind dahingehend abzuklopfen, ob sie mit der Beziehung zum Kind selbst zufrieden sind, ob ihnen etwas fehlt oder ob sie mit der Beziehung unzufrieden sind und wenn ja, woran dies liegt. Hier kommt der Vermittlungsstelle eine zentrale Rolle zu, ist sie es doch, die die PatInnen (nach dem Kind) am besten kennt und einschätzen kann. Eine regelmäßige Reflexion der Patenschaftsbeziehung wirkt präventiv, da sie die Bedürfnisse von Pate bzw. Patin und Patenkind immer wieder abgleicht und, wo nötig, eingreift, wenn diese sich nicht in Übereinstimmung befinden.

Unterstützung des Patenkindes

Ein zentrales Schutzelement, um Missbrauch in Institutionen vorzubeugen, ist die Installation eines Beschwerdemanagements für die Zielgruppe der Kinder und Jugendlichen. Dies scheint auch für Patenschaftsprojekte sinnvoll und möglich.

Das Beschwerdemanagement beinhaltet meist eine generelle Information der Organisation (in diesem Fall der Vermittlungsstelle), die klarstellt, dass diese bereit ist, alles dafür zu tun, dass vermittelte Kinder bzw. Jugendliche nicht sexuell missbraucht werden und die die Rechte, die Kinder und Jugendliche haben, deutlich benennt[16]. Zusätzlich wird Kindern und Jugendlichen deutlich gemacht, bei wem und in welcher Form sie sich beschweren können, wenn jemand ihre Rechte missachtet. Hilfreich ist es, sowohl männliche als auch weibliche AnsprechpartnerInnen innerhalb als auch außerhalb der Organisation (z. B. in einer Fachberatungsstelle) zu benennen und auch eine Möglichkeit, per E-Mail Kontakt aufzunehmen zu bieten, damit die Hemmschwelle für Jungen und Mädchen niedrig gesetzt wird.

---

[16] Die Rechte orientieren sich an den für Kinder und Jugendliche entwickelten Präventionsregeln und werden ebenfalls an die Situation angepasst. Aus „Ich darf NEIN sagen" kann so das Recht abgeleitet werden: „Ich darf Angebote des Paten bzw. der Patin für Unternehmungen jederzeit ablehnen". Aus: „Ich habe ein Recht auf Hilfe" kann das Recht formuliert werden: „Bei Schwierigkeiten und Konflikten wende ich mich telefonisch unter xy an Frau xy von der Patenorganisation, die mir weiter hilft".

Zusätzliche Gespräche der Vermittlungsstelle mit dem Patenkind über die Ziele und Wünsche und über mögliche Konflikte und Lösungen im Patenschaftsverhältnis ergänzen die spezifische Information. Wichtig ist es, den Kindern und Jugendlichen auch im Umgang, den die Vermittlungsstelle mit dem Patenkind pflegt, deutlich zu machen, dass die Rechte von Kindern und Jugendlichen geachtet und berücksichtigt werden. Dabei müssen Rechte der Kinder so konkret und alltagsnah formuliert sein, dass die Kinder sie mit ihrer eigenen Situation in Verbindung bringen können.

Wichtig ist, dass regelmäßig und niedrigschwellig auf die Bedürfnisse und Wünsche des Patenkindes eingegangen wird, z. B. mit der Frage: Fühlst Du Dich immer wohl mit Deinem Paten/Deiner Patin oder gibt es auch Situationen in denen Du dich nicht wohlfühlst? Wann fühlst Du Dich nicht so wohl? Ein Kind, das sich nicht wohl fühlt, aber nicht so recht weiß, woran das liegt, würde sich nicht „beschweren". Für eine Beschwerde muss nämlich schon reflektiert worden sein, dass etwas Benennbares nicht in Ordnung ist. Regelmäßige Rückmeldeschlaufen – in kindgerechter bzw. altersangemessener Form, mit konkreten Fragen – wären da vielleicht noch eine zusätzliche Idee.

Zusammenarbeit mit den Eltern

Eine Elterninfo, die darüber informiert, was die vermittelnde Organisation tut, um Kinder und Jugendliche vor sexuellem Missbrauch zu schützen, schreckt nicht ab, wie häufig befürchtet, sondern wird von vielen Eltern als sehr positiv bewertet. Ergänzend sollte sie Informationen darüber beinhalten, was Eltern tun können und an wen sie sich wenden sollen, wenn ihnen im Umgang der Patin/des Paten mit dem Patenkind etwas unangenehm auffällt. Auch diese Beschwerdemöglichkeit sollte sowohl interne als auch externe AnsprechpartnerInnen bieten.

Beide Beschwerdemöglichkeiten stellen zum einen sicher, dass Kinder, aber auch Eltern eine für dieses Thema benannte Anlaufstelle kennen und sorgen gleichzeitig dafür, dass potenzielle TäterInnen ein Umfeld vorfinden, das für sie keinesfalls „sicher" ist, da sie mit der Möglichkeit rechnen müssen, dass sich ein Kind oder ein Elternteil zumindest mal unverbindlich über Fragen, die bei diesem Thema auftauchen, informiert und damit jemand innerhalb der Organisation hellhörig werden könnte.[17]

Schulung von PatInnen

Der regelmäßigen Schulung von PatInnen kommt eine zentrale Bedeutung auch im Bereich der Prävention von sexuellem Missbrauch zu. So wird in der Untersuchung von INBAS für die Aktion „Zusammen-Wachsen" in den Empfehlungen benannt, dass PatInnen „Anleitung und Hilfestellung zum Nähe-Distanz Problem" benötigen, das vor allem dann entstehen kann, wenn Privatsphären von PatInnen und Patenkindern sich zu sehr vermischen. Zusätzlich wird empfohlen, Leitlinien und einen

---

[17] Anschauliche Materialien zu diesem Thema legt der Kreisjugendring München-Land in seinem „Maßnahmepaket zur Prävention sexualisierter Gewalt in der Kinder- und Jugendarbeit" vor, das zahlreiche weitere Anregungen für die Prävention in Patenschaftsprojekten enthält.

klaren Rahmen für die Tätigkeit in einem Patenschaftsprojekt vorzugeben um Überforderungen und Unsicherheiten zu vermeiden. Aus Sicht der Prävention sind dies exakt Anforderungen, die im Rahmen von Fortbildungen für Fachkräfte in Patenschaftsprojekten, aber auch für PatInnen selbst zur Prävention von sexuellem Missbrauch thematisiert werden müssen. Eine regelmäßige Reflexion der Patentätigkeit wird darüber hinaus angeregt und als eine Form das Angebot von Supervisionssitzungen für PatInnen benannt.[18]

TäterInnen werden durch solche Qualifizierungsangebote eher abgeschreckt, da sie genau die Bereiche thematisieren und bearbeiten, die Teil ihrer Übergriffsstrategien sind.

Gesellschaftliche Aufgaben

Patenschaftsprojekte bieten kostengünstige UND häufig funktionierende Lösungen für gesellschaftliche Integrationsprobleme. Es kann also nicht darum gehen, sie zu verdammen und abzuschaffen.

Wie so häufig geht es um ein sowohl als auch. All die AnbieterInnen von Patenschaftsprojekten müssen, wollen sie das Wohl der Kinder und Jugendlichen wirklich sichern, Maßnahmen entwickeln bzw. aus anderen Bereichen adaptieren, die sicherstellen, dass der Schutz von Kindern und Jugendlichen vor sexuellem Missbrauch in Patenschaftsprojekten bestmöglich berücksichtigt wird.

Für die notwendigen Maßnahmen der Prävention sind (personelle und finanzielle) Ressourcen erforderlich, über die Patenschaftsprojekte aktuell wohl nicht verfügen. Dies bedeutet, dass Politik und Gesellschaft, wollen sie den Ausbau von Patenschaftsprojekten weiter fördern, nicht umhin kommen, die bestehenden Projekte so auszustatten und eine Förderung auch mit dementsprechenden Auflagen zu verbinden, dass diese in der Lage und Willens sind, dem Schutzauftrag nachzukommen, den sie sicherlich haben. Unterstützt und begleitet werden müssen Patenschaftsprojekte dabei durch die Strukturen, die bereits geschaffen wurden (z. B. „Aktion Zusammen-Wachsen") und die die erforderlichen Materialien entwickeln und bereitstellen müssen, damit der Kinderschutz in diesem Arbeitsfeld nicht zu kurz kommt.

Diese „günstigen" Patenschaften werden dann zwar teurer, aus ethischer Sicht scheint es jedoch unvertretbar, die Gefahr von sexuellem Missbrauch, die aus Sicht von Fachkräften in diesen Projekten so offensichtlich gegeben ist, auf Kosten betroffener Kinder und Jugendlicher dauerhaft zu ignorieren.

---

[18] http://www.aktion-zusammen-wachsen.de/data/downloads/webseiten/patenatlas-2008.pdf 30.03.2009.

Literatur

http://www.aktion-zusammen-wachsen.de/data/downloads/webseiten/patenatlas-2008.pdf 30.03.2009

http://www.aktion-zusammen-wachsen.de/data/downloads/webseiten/Praesentation_SusanneHuth.pdf 30.03.2009

http://www.aktion-zusammen-wachsen.de/data/downloads/webseiten/Praesentation_SusanneHuth.pdf 30.03.2009

http://www.aktion-zusammen-wachsen.de/data/downloads/webseiten/PosterQualitaetskriterien.pdf 30.03.2009

http://www.aktion-zusammen-wachsen.de/index.php?atlas_blnd=Bayern&atlas_plz=&atlas_spunkt=4&projekt=&id=70 30.03.2009

http://www.balu-und-du.de/index.php?id=mentoren 30.03.2009

http://www.balu-und-du.de/index.php?id=kinder 30.03.2009

http://www.balu-und-du.de/fileadmin/user_upload/PDFs/Balu_2008.pdf 30.03.2009

http://de3.patenschaften-aktiv-datenbank.de/cgi-bin/baseportal.pl?htx=/patenschaften-aktiv-datenbank.de/Lokaladressen&localparams=1&range=480,20 30.03.2009

http://www.lesen-in-deutschland.de/html/content.php?object=journal&lid=854 30.03.2009

http://ornis-press.de/netzwerk-fuer-bildungs--und-ausbildungspatenschaften.853.0.html 30.03.2009

http://www.paritaet.org/hessen/newsletter/nl_0307_patenprojekte_flyer.pdf 30.03.2009

http://www.patenschaften-aktiv.de/ 30.03.2009

http://www.patenschaftsprojekt.de/patenschaft_netzwerk_2.html 30.03.2009

http://www.patenschaftsprojekt.de/patenschaft_paten.html 30.03.2009

http://www.patenschaftsprojekt.de/pdf/flyer_pateninteressenten.pdf 30.03.2009

http://www.taz.de/1/leben/alltag/artikel/1/mutter-pate-kind/?src=AR&cHash=8d99c7db40 vom 23.10.2007 30.03.2009

AMYNA e. V. (Hrsg.) Kindler Dr. Heinz (2003). Evaluation der Wirksamkeit präventiver Arbeit gegen sexuellen Missbrauch an Mädchen und Jungen. Expertise. München: AMYNA.

Kreisjugendring München-Land (2009). Maßnahmepaket Prävention sexualisierter Gewalt in der Kinder- und Jugendarbeit. Pullach.

Anhang ...

Autorinnen

Christine Rudolf-Jilg, Jahrgang 1961, Dipl. Sozialpädagogin (FH), Computermedienpädagogin. Seit 2004 Mitarbeiterin bei **AMYNA** e.V., Institut zur Prävention von sexuellem Missbrauch, vorher Arbeit in den Bereichen der Offenen Kinder- und Jugendarbeit, der Jugendverbandsarbeit und der Familien- und Erwachsenenbildung. Federführende Entwicklung des Präventionskonzeptes „PräTect" des Bayerischen Jugendrings (BJR). Dort im Landesvorstand als Vorstandsmitglied von 1999-2003 zuständig für den Themenbereich „Prävention von sexuellem Missbrauch in der Kinder- und Jugendarbeit in Bayern". Heute Expertin im Netzwerk des BJRs im Raum München und Mitglied im Beirat des Projekts. Arbeitsschwerpunkte bei **AMYNA** sind Presse- und Öffentlichkeitsarbeit, Beratung, Erwachsenenbildung, Fachveröffentlichungen.

Themen: Missbrauch in Institutionen, Prävention und Ehrenamt, Prävention in der Kinder- und Jugendarbeit, Prävention und neue Medien, Beurteilung von kurzfristigen Präventionsangeboten für Kinder und Jugendliche wie z.B. Selbstbehauptungskurse und Präventionstheater. Seit 2005 kontinuierlich Beratung und Begleitung von Institutionen bei der Entwicklung und Einführung struktureller Präventionselemente (v.a. Kinder- und Jugendarbeit, Projekte mit Ehrenamtlichen, Sport und Kirche).

Kontakt: **AMYNA** e.V.– Institut zur Prävention von sexuellem Missbrauch; Mariahilfplatz 9; 81541 München; crj@amyna.de; Telefon: 089/622 30 907

Parvaneh Djafarzadeh, Jahrgang 1961, Dipl. Pädagogin, interkulturelle Trainerin und Beraterin. Seit 1999 Mitarbeiterin bei **AMYNA** e.V., Institut zur Prävention von sexuellem Missbrauch. Arbeitsschwerpunkte bei **AMYNA** sind Fachveröffentlichungen, interkulturelle Präventionsarbeit, Bildungsangebote für pädagogische Fachkräfte vom Kleinkind- bis Jugendbereich.

Themen: Interkulturelle Elternabende für Eltern mit Migrationshintergrund, Angebote im Bereich interkulturelle Verständigung im Bezug auf Sexualität, Körperlichkeit, Erziehung, Tabuthemen u.ä. für pädagogische Fachkräfte, sexueller Missbrauch und Präventionsmöglichkeiten, Prävention in Institutionen, Präventionsberatung für Bezugspersonen von Kindern, besonders für Bezugspersonen mit Migrationshintergrund.

Kontakt: **AMYNA** e.V.– Institut zur Prävention von sexuellem Missbrauch; Mariahilfplatz 9; 81541 München; pd@amyna.de; Telefon: 089/622 30 906

AMYNA stellt sich vor

Der Verein **AMYNA** e. V. wurde 1989 gegründet, seit 1992 existiert das Institut zur Prävention von sexuellem Missbrauch unter der Trägerschaft von **AMYNA** e. V. Das Institut ist die einzige Einrichtung in München, die **ausschließlich im Vorfeld von sexueller Gewalt**, also der **Prävention** tätig ist.

Kein Kind kann sich alleine vor sexuellem Missbrauch schützen. Daher sind die Zielgruppen der Präventionsarbeit des Institutes ausschließlich Erwachsene (Eltern, Fachkräfte, Ehrenamtliche und weitere erwachsene Bezugspersonen von Mädchen und Jungen). Ziel dieser Arbeit ist es, Erwachsene darin zu unterstützen, kompetent die Verantwortung für den Schutz von Mädchen und Jungen vor sexueller Gewalt übernehmen zu können und daneben sinnvolle Präventionsstrategien zu vermitteln, die Erwachsene – zu Hause oder in unterschiedlichen Einrichtungen – in ihren Alltag mit Kindern und Jugendlichen integrieren können.

Wir bieten:

— Elternabende zu unterschiedlichen Themenbereichen und für unterschiedliche Altersgruppen (auch speziell für Eltern von Kindern mit Behinderungen und für MigrantInnen aus dem islamischen Kulturkreis) auf Anfrage

— telefonische, schriftliche und persönliche Präventionsberatung für alle Zielgruppen. Persönliche Präventionsberatung während der Infothekszeiten oder nach Vereinbarung.

— ein breites Angebot an Fortbildungen, Seminaren, Workshops und Vorträgen. Wir bieten Veranstaltungen in unseren Räumen an, die von **AMYNA**-Mitarbeiterinnen oder auch von externen ExpertInnen durchgeführt werden – regelmäßig auch zum Themenbereich „Mädchen und Jungen mit Behinderungen und sexuelle Gewalt". Im Stadtgebiet München kommen wir auch gerne auf Anfrage zu Teamfortbildungen in die Einrichtungen (alle Angebote unter www.amyna.de).

— Beratung und Begleitung von Institutionen bei der Entwicklung einrichtungsspezifischer Präventionskonzepte

— Präsenzbibliothek („Infothek") mit mittlerweile über 2000 Medien zu den Bereichen „Sexueller Missbrauch", „Prävention" (auch zum Thema „Sexuelle Gewalt und Behinderung") und vielen angrenzenden Themenbereichen

— präventionsrelevante Bücher im Eigenverlag

— Informationen über Beratungsmöglichkeiten zur Verdachtsabklärung und Weitervermittlung an entsprechende Einrichtungen

— Öffentlichkeitsarbeit

Das Institut zur Prävention von sexuellem Missbrauch wird von der Landeshauptstadt München bezuschusst.

AMYNA gehört dem PARITÄTISCHEN an und ist Mitglied in der DGfPI (Deutsche Gesellschaft für Prävention und Intervention bei Kindesmisshandlung und -vernachlässigung e. V.).

Kontakt

AMYNA e. V.
Institut zur Prävention von sexuellem Missbrauch
Mariahilfplatz 9, 81541 München

Telefon: 089/2017001; Fax: 089/2011095
info@amyna.de; www.amyna.de

AMYNA ist auf Spenden angewiesen. Bitte unterstützen Sie unsere Arbeit!
AMYNA e. V., Ktnr. 78 24 900, BLZ 70020500, Bank für Sozialwirtschaft München

Weitere AMYNA-Publikationen ...

Sexualisierte Gewalt verhindern – Selbstbestimmung ermöglichen

Schutz und Vorbeugung für Mädchen und Jungen

mit unterschiedlichen Behinderungen

Das Risiko von Mädchen und Jungen mit Behinderungen, im Laufe ihrer Kindheit und Jugend sexuelle Gewalterfahrungen machen zu müssen, ist deutlich erhöht. Dies trifft sowohl für Kinder und Jugendliche mit einer so genannten „geistigen" Behinderung, für solche mit körperlicher Behinderung als auch für Mädchen und Jungen mit Verhaltensauffälligkeiten zu.

Dieser Reader liefert Fachkräften aus der Jugend- und Behindertenhilfe, Einrichtungsleitungen und Verantwortlichen aus Politik, Verbänden und Initiativen vielfältige Informationen, Ansatzpunkte und Anregungen zur Verbesserung des Schutzes von Mädchen und Jungen mit unterschiedlichen Behinderungen vor sexueller Gewalt. (2. überarb. Auflage 2009)

Preis: € 9,50 zzgl. Versandkosten

Bitte beachten Sie, dass Auslandsbestellungen nur gegen Vorkasse bearbeitet werden können.

Abulimaus ist höflich

Ein Kinderbuch auch für Eltern

„Abulimaus ist höflich" ist ein Kinderbuch, das Eltern und ihren Kindern zeigen soll, dass es in bestimmten Situationen durchaus wichtig sein kann, sich zu wehren und die Höflichkeit abzulegen. Besonders in Fällen, in denen man ihnen wehtut, Angst macht oder sie beschämt.

Das Kinderbuch ist in Deutsch und Türkisch geschrieben und macht es Eltern auch durch die lustigen Illustrationen leichter, mit ihrem Kind über dieses wichtige Thema zu reden. Geeignet für Kinder von 4 bis 8 Jahren. (Erschienen 2007)

Preis: € 9,50 zzgl. Versandkosten

Bitte beachten Sie, dass Auslandsbestellungen nur gegen Vorkasse bearbeitet werden können.

Bestelladresse: AMYNA e. V., Mariahilfplatz 9, 81541 München oder info@amyna.de

Raus aus der Nische!

Prävention von sexuellem Missbrauch als fester Bestandteil pädagogischen Handelns

Wie lässt sich der Präventionsgedanke in pädagogischen Einrichtungen verankern? Dieser Frage gehen Autorinnen unterschiedlichster pädagogischer Handlungsfelder nach und beschreiben, wie sich Prävention von sexuellem Missbrauch in verschiedenen Praxisfeldern umsetzen lässt. (Erschienen 2003)

Preis: € 11,– zzgl. Versandkosten

Bitte beachten Sie, dass Auslandsbestellungen nur gegen Vorkasse bearbeitet werden können.

Evaluation der Wirksamkeit präventiver Arbeit gegen sexuellen Missbrauch an Mädchen und Jungen

Expertise

Die Frage nach der Wirksamkeit präventiven Handelns und deren Belegbarkeit beschäftigt PräventionsarbeiterInnen immer wieder. AMYNA legt hier mit der von Dr. Kindler erarbeiteten Expertise erstmals eine Zusammenschau internationaler wissenschaftlicher Ergebnisse vor, die Aufschluss über den momentanen Forschungsstand zur Wirksamkeit von Prävention gibt. Die Ergebnisse machen Mut, denn sie geben Hinweise darauf, dass Präventionsarbeit gegen sexuellen Missbrauch an Mädchen und Jungen an vielen Stellen die gewünschte Wirkung zeigt. Die Untersuchungen weisen aber auch auf Lücken hin und liefern Anhaltspunkte, Konzepte zu verändern und zu spezifizieren und Wirksamkeit neu zu überprüfen. (Erschienen 2003)

Preis: € 7,50 zzgl. Versandkosten

Bitte beachten Sie, dass bei Auslandsbestellungen erhöhte Porto- und Überweisungsgebühren anfallen

Bestelladresse: AMYNA e. V., Mariahilfplatz 9, 81541 München oder info@amyna.de

Interkulturelle Prävention von sexuellem Missbrauch

Eine horizonterweiternde Herausforderung

- ▶ Gibt es bei sexuellem Missbrauch an Mädchen und Jungen kulturelle Unterschiede?
- ▶ Welches sind die Formen sexueller Gewalt?
- ▶ Was sind die Strategien der Täter?

Mit dieser Veröffentlichung möchten wir das Interesse der Leserinnen und Leser speziell für die interkulturelle Präventionsarbeit wecken. Über sexuellen Missbrauch wie auch Präventionsmöglichkeiten ist den meisten bereits einiges bekannt. Herkömmliche Präventionskonzepte lassen Mädchen und Jungen mit Migrationshintergrund jedoch bisher unberücksichtigt; diese Kinder können sich mit vielen Inhalten nicht identifizieren bzw. den pädagogischen Konzepten fehlt ein bestimmter Blick, ihr Blick auf die Welt und ihre Wirklichkeit.

Wir möchten mit dieser Broschüre dazu beitragen, dass Fachleute sich mit einem erweiterten Blick der Präventionsarbeit gegen sexuellen Missbrauch widmen und damit allen Mädchen und Jungen gerecht werden können. Neugierig geworden? (Erschienen 2002)

Preis: € 2,50 zzgl. Versandkosten

Bitte beachten Sie, dass bei Auslandsbestellungen erhöhte Porto- und Überweisungsgebühren anfallen.

„Die leg' ich flach"

Bausteine zur Täterprävention

Ein wichtiger Ansatzpunkt für die Prävention sexualisierter Gewalt ist zu verhindern, dass Jungen zu Tätern werden. Vieles spricht dafür, dass Vorbeugung und Rückfallverhütung umso besser greifen, je eher damit begonnen wird. Hierzu liefert das Buch Denkanstöße, Anregungen, Beispiele, Ansatzpunkte und Motivationen. (Erschienen 1999)

Preis: € 9,50 zzgl. Versandkosten

Bitte beachten Sie, dass bei Auslandsbestellungen erhöhte Porto- und Überweisungsgebühren anfallen.

Bestelladresse: AMYNA e. V., Mariahilfplatz 9, 81541 München
oder info@amyna.de

„Märtyrerin trifft Kinderschänder"

Wie berichtet die Presse über sexuelle Gewalt gegen Mädchen?

Wichtig ist nicht nur, dass über sexualisierte Gewalt berichtet wird, sondern vielmehr wie. Im Auftrag von AMYNA hat die Autorin, Christiane Pütter, ein Jahr lang Tageszeitungen ausgewertet und ist zu interessanten Ergebnissen gelangt. (Erschienen 1999)

Preis: € 8,50 zzgl. Versandkosten

Bitte beachten Sie, dass bei Auslandsbestellungen erhöhte Porto- und Überweisungsgebühren anfallen.

Bestelladresse: AMYNA e. V., Mariahilfplatz 9, 81541 München oder info@amyna.de